DOCUMENTS DIPLOMATIQUES

CONFÉRENCES DE MADRID

— 19 MAI — 3 JUILLET —

1880

(DROIT DE PROTECTION, ETC. AU MAROC)

MADRID
IMPRENTA NACIONAL
1880

CONVENTION

SIGNÉE À MADRID LE 3 JUILLET 1880

CONVENTION

Sa Majesté l'Empereur d'Allemagne, Roi de Prusse; Sa Majesté l'Empereur d'Autriche, Roi de Hongrie; Sa Majesté le Roi des Belges; Sa Majesté le Roi de Danemark; Sa Majesté le Roi d'Espagne; Son Excellence le Président des États-Unis d'Amérique; Son Excellence le Président de la République Française; Sa Majesté la Reine du Royaume Uni de la Grande Bretagne et d'Irlande; Sa Majesté le Roi d'Italie; Sa Majesté le Sultan du Maroc; Sa Majesté le Roi des Pays Bas; Sa Majesté le Roi de Portugal et des Algarves; Sa Majesté le Roi de Suède et de Norvége;

Ayant reconnu la nécessité d'établir sur des bases fixes et uniformes l'exercice du droit de protection au Maroc, et de régler certaines questions qui s'y rattachent, ont nommé pour leurs Plénipotentiaires à la Conférence qui s'est réunie à cet effet à Madrid, savoir:

SA MAJESTÉ L'EMPEREUR D'ALLEMAGNE, ROI DE PRUSSE, Monsieur le Comte Eberhardt de Solms-Sonnewalde, Commandeur de première classe de son Ordre de l'Aigle Rouge avec feuilles de chêne, Chevalier de la Croix de Fer, etc., etc., son Envoyé Extraordinaire et Ministre Plénipotentiaire près Sa Majesté Catholique;

SA MAJESTÉ L'EMPEREUR D'AUTRICHE, ROI DE HONGRIE, Monsieur le Comte EMMANUEL LUDOLF, son Conseiller intime et actuel, Grand-Croix de l'Ordre impérial de Léopold, Chevalier de première classe de l'Ordre de la Couronne de Fer, etc., etc., son Envoyé Extraordinaire et Ministre Plénipotentiaire près Sa Majesté Catholique;

SA MAJESTÉ LE ROI DES BELGES, Monsieur EDOUARD ANSPACH, Officier de son Ordre de Léopold, etc., etc., son Envoyé Extraordinaire et Ministre Plénipotentiaire près Sa Majesté Catholique;

SA MAJESTÉ LE ROI D'ESPAGNE, Don ANTONIO CÁNOVAS DEL CASTILLO, Chevalier de l'Ordre insigne de la Toison d'Or, etc., etc., Président de son Conseil des Ministres;

SON EXCELLENCE LE PRÉSIDENT DES ÉTATS-UNIS D'AMÉRIQUE, Monsieur le Général LUCIUS FAIRCHILD, Envoyé Extraordinaire et Ministre Plénipotentiaire des États-Unis près Sa Majesté Catholique;

SON EXCELLENCE LE PRÉSIDENT DE LA RÉPUBLIQUE FRANÇAISE, Monsieur le Vice-amiral JAURÈS, Sénateur, Commandeur de la Légion d'Honneur, etc., etc., Ambassadeur de la République Française près Sa Majesté Catholique;

SA MAJESTÉ LA REINE DU ROYAUME UNI DE LA GRANDE BRETAGNE ET D'IRLANDE, l'Honorable LIONEL SACKVILLE SACKVILLE WEST, son Envoyé Extraordinaire et Ministre Plénipotentiaire près Sa Majesté Catholique; lequel est également autorisé à représenter SA MAJESTÉ LE ROI DE DANEMARK;

SA MAJESTÉ LE ROI D'ITALIE, Monsieur le Comte JOSEPH GREPPI, Grand-Officier de l'Ordre des S. S. Maurice et Lazare, de celui de la Couronne d'Italie, etc., etc., son Envoyé Extraordinaire et Ministre Plénipotentiaire près Sa Majesté Catholique;

SA MAJESTÉ LE SULTAN DU MAROC, le Taleb SID MOHAMMED VARGAS, son Ministre des Affaires Étrangères et Ambassadeur Extraordinaire;

SA MAJESTÉ LE ROI DES PAYS-BAS, Monsieur le Jonkheer MAURICE DE HELDEWIER, Commandeur de l'Ordre Royal du Lion Néerlandais, Chevalier de l'Ordre de la Couronne de Chêne de Luxembourg, etc., etc., son Ministre Résident près Sa Majesté Catholique;

SA MAJESTÉ LE ROI DE PORTUGAL ET DES ALGARVES, Monsieur le Comte de CASAL RIBEIRO, Pair du Royaume, Grand-Croix de l'Ordre du Christ, etc., etc., son Envoyé Extraordinaire et Ministre Plénipotentiaire près Sa Majesté Catholique;

SA MAJESTÉ LE ROI DE SUÈDE ET DE NORVÉGE, Monsieur HENRI AKERMAN, Commandeur de première classe de l'Ordre de Wasa, etc., etc., son Ministre Résident près Sa Majesté Catholique;

Lesquels, en vertu de leurs pleins pouvoirs, reconnus en bonne et due forme, ont arrêté les dispositions suivantes:

ARTICLE PREMIER.

Les conditions dans lesquelles la protection peut être accordée sont celles qui sont stipulées dans les Traités britannique et espagnol avec le Gouvernement marocain et dans la Convention survenue entre ce Gouvernement, la France et d'autres Puissances en 1863, sauf les modifications qui y sont apportées par la présente Convention.

ART. 2.

Les Représentants étrangers Chefs de Mission, pourront choisir leurs interprètes et employés parmi les sujets marocains ou autres.

Ces protégés ne seront soumis à aucun droit, impôt ou taxe quelconque, en dehors de ce qui est stipulé aux articles 12 et 13.

ART. 3.

Les Consuls, Vice-Consuls ou Agents consulaires Chefs de poste qui résident dans les États du Sultan du Maroc, ne pourront choisir qu'un interprète, un soldat et deux domestiques parmi les sujets du Sultan, à moins qu'ils n'aient besoin d'un secrétaire indigène.

Ces protégés ne seront soumis non plus à aucun droit, impôt ou taxe quelconque, en dehors de ce qui est stipulé aux articles 12 et 13.

ART. 4.

Si un Représentant nomme un sujet du Sultan à un poste d'Agent consulaire dans une ville de la côte, cet Agent sera respecté et honoré, ainsi que sa famille habitant sous le même toit, laquelle, comme lui-même, ne sera soumise à aucun droit, impôt ou taxe quelconque en dehors de ce qui est stipulé aux articles 12 et 13; mais il n'aura pas le droit de protéger d'autres sujets du Sultan en dehors de sa famille.

Il pourra, toutefois, pour l'exercice de ses fonctions, avoir un soldat protégé.

Les Gérants des Vice-Consulats, sujets du Sultan, jouiront, pendant l'exercice de leurs fonctions, des mêmes droits que les Agents consulaires sujets du Sultan.

ART. 5.

Le Gouvernement marocain reconnaît aux Ministres, Chargés d'Affaires et autres Représentants le droit, qui leur est accordé par les Traités, de choisir les personnes qu'ils emploient, soit à leur service personnel, soit à celui de leurs Gouvernements, à moins toutefois que ce ne soient des Cheiks ou autres employés du Gouvernement marocain, tels que les soldats de ligne ou de cavalerie, en dehors des Maghaznias préposés à leur garde. De même ils ne pourront employer aucun sujet marocain sous le coup de poursuites.

Il reste entendu que les procès civils engagés avant la protection se termineront devant les Tribunaux qui en auront entamé la procédure. L'exécution de la sentence ne rencontrera pas d'empêchement. Toutefois, l'Autorité locale marocaine aura soin de communiquer immédiatement la sentence rendue à la Légation, Consulat ou Agence consulaire dont relève le protégé.

Quant aux ex-protégés qui auraient un procès commencé avant que la protection eût cessée pour eux, leur affaire sera jugée par le Tribunal qui en était saisi.

Le droit de protection ne pourra être exercé à l'égard des personnes poursuivies pour un délit ou un crime avant qu'elles n'aient été jugées par les Autorités du pays, et qu'elles n'aient, s'il y a lieu, accompli leur peine.

Art. 6.

La protection s'étend sur la famille du protégé. Sa demeure est respectée.

Il est entendu que la famille ne se compose que de la femme, des enfants et des parents mineurs qui habitent sous le même toit.

La protection n'est pas héréditaire. Une seule exception, déjà établie par la Convention de 1863, et qui ne saurait créer un précédent, est maintenue en faveur de la famille Benchimol.

Cependant, si le Sultan du Maroc accordait une autre exception, chacune des Puissances contractantes aurait le droit de réclamer une concession semblable.

Art. 7.

Les Représentants étrangers informeront par écrit le Ministre des Affaires Étrangères du Sultan du choix qu'ils auront fait d'un employé.

Ils communiqueront chaque année au dit Ministre une liste nominative des personnes qu'ils protègent ou qui sont protégés par leurs Agents dans les États du Sultan du Maroc.

Cette liste sera transmise aux Autorités locales, qui ne considèreront comme protégés que ceux qui y sont inscrits.

Art. 8.

Les Agents consulaires remettront chaque année à l'Autorité du pays qu'ils habitent une liste, revêtue de leur sceau, des personnes qu'ils protègent. Cette Autorité la transmettra au Ministre des Affaires Étrangères, afin que, si elle n'est pas conforme aux Règlements, les Représentants à Tanger en soient informés.

L'Officier consulaire sera tenu d'annoncer immédiatement les changements survenus dans le personnel protégé de son Consulat.

Art. 9.

Les domestiques, fermiers et autres employés indigènes des secrétaires et interprètes indigènes ne jouissent pas de la protection. Il en est de même pour les employés ou domestiques marocains des sujets étrangers.

Toutefois, les Autorités locales ne pourront arrêter un employé ou domestique d'un fonctionnaire indigène au service d'une Légation ou d'un Consulat, ou d'un sujet ou protégé étranger, sans en avoir prévenu l'Autorité dont il dépend.

Si un sujet marocain au service d'un sujet étranger venait à tuer quelqu'un, à le blesser ou à violer son domicile, il serait immédiatement arrêté, mais l'Autorité diplomatique ou consulaire sous laquelle il est placé serait avertie sans retard.

Art. 10.

Il n'est rien changé à la situation des censaux telle qu'elle a été établie par les Traités et par la Convention de **1863**, sauf ce qui est stipulé, relativement aux impôts, dans les articles suivants.

Art. 11.

Le droit de propriété au Maroc est reconnu pour tous les étrangers.

L'achat de propriétés devra être effectué avec le consentement préalable du Gouvernement, et les titres de ces propriétés seront soumis aux formes prescrites par les lois du pays.

Toute question qui pourrait surgir sur ce droit sera décidée d'après ces mêmes lois, avec l'appel au Ministre des Affaires Étrangères stipulé dans les Traités.

Art. 12.

Les étrangers et les protégés propriétaires ou locataires de terrains cultivés, ainsi que les censaux adonnés à l'agriculture, paieront l'impôt agricole. Ils remettront chaque année à leur Consul la note exacte de ce qu'ils possèdent, en acquittant entre ses mains le montant de l'impôt.

Celui qui fera une fausse déclaration paiera, à titre d'amende, le double de l'impôt qu'il aurait dû régulièrement verser pour les biens non déclarés. En cas de récidive cette amende sera doublée.

La nature, le mode, la date et la quotité de cet impôt seront l'objet d'un Règlement spécial entre les Représentants des Puissances et le Ministre des Affaires Étrangères de Sa Majesté Shériffienne.

Art. 13.

Les étrangers, les protégés et les censaux propriétaires de bêtes de somme paieront la taxe dite des portes. La quotité et le mode de perception de cette taxe, commune aux étrangers et aux indigènes, seront également l'objet d'un Règlement spécial entre les Représentants des Puissances et le Ministre des Affaires Étrangères de Sa Majesté Shériffienne.

La dite taxe ne pourra être augmentée sans un nouvel accord avec les Représentants des Puissances.

Art 14.

La médiation des interprètes, secrétaires indigènes ou soldats des différentes Légations ou Consulats, lorsqu'il s'agira de personnes non placées sous la protection de la Légation ou du Consulat, ne sera admise qu'autant qu'ils seront porteurs d'un document signé par le Chef de Mission ou par l'Autorité consulaire.

Art. 15.

Tout sujet marocain naturalisé à l'étranger, qui reviendra ua Maroc, devra, après un temps de séjour égal à celui qui lui aura été régulièrement nécessaire pour obtenir la naturalisation, opter entre sa soumission entière aux lois de l'Empire et l'obligation de quitter le Maroc, à moins qu'il ne soit constaté que la naturalisation étrangère a été obtenue avec l'assentiment du Gouvernement marocain.

La naturalisation étrangère acquise jusqu'à ce jour par des sujets marocains suivant les règles établies par les lois de chaque pays, leur est maintenue, pour tous ses effets, sans restriction aucune.

Art. 16.

Aucune protection irrégulière ni officieuse ne pourra être accordée à l'avenir. Les Autorités marocaines ne reconnaîtront jamais d'autres protections, quelle que soit leur nature, que celles qui sont expressément arrêtées dans cette Convention.

Cependant, l'exercice du droit consuétudinaire de protection sera réservé aux seuls cas où il s'agirait de récompenser des services signalés rendus par un marocain à une Puissance étrangère, ou pour d'autres motifs tout-à-fait exceptionnels. La nature des services et l'intention de les récompenser par la protection seront préalablement notifiées au Ministre des Affaires Etrangères à Tanger, afin qu'il puisse au besoin présenter ses observations; la résolution définitive restera néanmoins réservée au Gouvernement auquel le service aura été rendu. Le nombre de ces protégés ne pourra dépasser celui de douze par Puissance, qui reste fixé comme maximum, à moins d'obtenir l'assentiment du Sultan.

La situation des protégés qui ont obtenu la protection en vertu de la coutume désormais réglée par la présente disposition sera, sans limitation du nombre pour les protégés actuels de cette catégorie, identique pour eux et pour leurs familles, à celle qui est établie pour les autres protégés.

Art. 17.

Le droit au traitement de la Nation la plus favorisée est reconnu par le Maroc à toutes les Puissances représentées à la Conférence de Madrid.

Art. 18.

La présente Convention sera ratifiée. Les ratifications seront échangées à Tanger dans le plus bref délai possible.

Par consentement exceptionnel des Hautes Parties contractantes, les dispositions de la présente Convention entreront en vigueur à partir du jour de la signature à Madrid.

En foi de quoi les Plénipotentiaires respectifs ont signé la présente Convention, et y ont apposé le sceau de leurs armes.

Fait à Madrid, en treize exemplaires, le trois Juillet mil huit cent quatre-vingt.

(L. S.) *Signé:* Gr. E. Solms.
(L. S.) E. Ludolf.
(L. S.) Anspach.
(L. S.) A. Cánovas del Castillo.
(L. S.) Lucius Fairchild.
(L. S.) Jaurès.
(L. S.) L. S. Sackville West.
(L. S.) G. Greppi.
(L. S.) Mohammed Vargas.
(L. S.) Heldewier.
(L. S.) Casal Ribeiro.
(L. S.) Akerman.

PROTOCOLES

DES

SÉANCES DE LA CONFERENCE.

PROTOCOLE N° 1.

SÉANCE DU 19 MAI 1880.

Les Plénipotentiaires réunis à Madrid sur l'invitation qui leur a été adressée par le Gouvernement espagnol, afin de traiter certaines questions relatives au droit de protection que les Légations et les Consulats étrangers exercent au Maroc, ainsi que d'autres qui s'y rattachent, ont tenu leur première conférence aujourd'hui 19 Mai 1880.

Etaient présents:

Pour l'Allemagne: Son Exc. Mr. le Comte de Solms Sonnewalde, Envoyé Extraordinaire et Ministre Plénipotentiaire à Madrid.

Pour l'Autriche-Hongrie: Son Exc. Mr. le Comte Ludolf, Envoyé Extraordinaire et Ministre Plénipotentiaire à Madrid.

Pour la Belgique: Son Exc. Mr. Anspach, Envoyé Extraordinaire et Ministre Plénipotentiaire à Madrid.

Pour l'Espagne: Son Exc. Mr. Cánovas del Castillo, Président du Conseil des Ministres.

Pour les États-Unis d'Amérique: Son Exc. Mr. le Général Fairchild, Envoyé Extraordinaire et Ministre Plénipotentiaire à Madrid.

Pour la France: Son Exc. Mr. l'Amiral Jaurès, Ambassadeur à Madrid.

Pour la Grande Bretagne (et le Danemark): Son Exc. Mr. Sackville West. Envoyé Extraordinaire et Ministre Plénipotentiaire à Madrid.

Pour l'Italie: Son Exc. Mr. le Comte Greppi, Envoyé Extraordinaire et Ministre Plénipotentiaire à Madrid.

Pour le Maroc: Son Exc. Sid Mohammed Vargas, Ministre des Affaires Étrangères et Ambassadeur Extraordinaire.

Pour les Pays-Bas: Son Exc. Mr. de Heldewier, Ministre Résident à Madrid.

Pour le Portugal: Son Exc. Mr. le Comte de Casal Ribeiro, Envoyé Extraordinaire et Ministre Plénipotentiaire à Madrid.

Pour la Suède et la Norvége: Son Exc. Mr. Akerman, Ministre Résident à Madrid.

Les Plénipotentiaires entrent en séance à une heure et demie.

Son Exc. Mr. le Plénipotentiaire d'Allemagne prend la parole en ces termes:

«Messieurs:

»Je vous prie de m'accorder la parole, en raison de l'ordre alphabétique. Il nous reste pour nous constituer en Conférence à procéder à l'élection d'un Président. L'Espagne nous ayant offert son hospitalité, et ayant en même temps délégué l'éminent homme d'État que nous avons l'honneur d'avoir parmi nous, je suis certain de votre approbation unanime en vous proposant de confier la présidence des travaux de la Conférence à Son Exc. Mr. Cánovas del Castillo.»

Cette proposition ayant été acceptée à l'unanimité, Mr. le Plénipotentiaire d'Espagne dit:

«Messieurs:

»J'accepte avec une profonde reconnaissance l'honneur que vous venez de me faire en me conférant la présidence de cette importante réunion; mais ce n'est qu'avec votre concours intelligent qu'il me sera possible d'accomplir ma tâche. Comptez donc sur toute ma bonne volonté, et permettez moi de compter à mon tour sur votre bienveillance et même sur votre indulgence.»

Mr. le Président propose ensuite comme Secrétaires de la Conférence MM. Figuera, Ministre Plénipotentiaire faisant fonctions de Sous-Directeur au Ministère d'Etat, et Muro, Chargé d'Affaires, Directeur des Archives au Ministère; et comme Secrétaires-adjoints MM. de Villa-Urrutia, Secrétaire de Légation, et de Osma, Attaché.

Sur l'acceptation de MM. les Plénipotentiaires, les Membres du bureau sont présentés à la Conférence.

Les pièces et documents relatives à la Conférence de Tanger sont déposés au bureau. *(Voir les Annexes* I *à* VII.)

Le Président invite les Plénipotentiaires à présenter leurs pouvoirs.

Mr. Cánovas del Castillo lit le discours suivant:

«Messieurs:

»Avant de commencer nos travaux, je suis heureux de vous témoigner, au nom du Cabinet de Madrid, les sentiments de la plus sincère gratitude pour le bienveillant accueil que les Gouvernements, si dignement répresentés par vous, ont fait à l'invitation que nous leur avons adressée d'accord avec le Gouvernement de S. M. Britannique.

»Toutes les Puissances qui se trouvent en relations diplomatiques et commerciales avec l'Empire du Maroc sont également intéressées à ce que leurs Représentants et leurs sujets jouissent, dans ce pays, de la sécurité et des garanties spéciales qui seules peuvent assurer, aux uns l'exercice de leurs hautes fonctions, aux autres le libre développement de leurs intérêts légitimes.

»Un autre lien encore doit unir, à mon avis, ces mêmes Puissances: le désir de concilier, avec la reconnaissance de leurs droits, établis par des stipulations solennelles, les nécessités d'ordre intérieur qui s'imposent à tout Gouvernement, et le ferme propos de faciliter à celui du Maroc les progrès qui lui permettront, par la réforme graduelle de l'état social du pays, de devenir lui-même le premier protecteur des personnes et des intérêts que sauvegardent les Traités existants.

»C'est à ce double point de vue, Messieurs, qu'il nous faudra, je pense, envisager les propositions que doit soumettre à la Conférence notre collègue Mr. le Plénipotentiaire du Maroc, Ministre des Affaires Étrangères de S. M. Shériffienne.

»Ces propositions seront vraisemblablement analogues à celles qu'il présentait à la delibération des Représentants réunis à Tanger dans les premiers mois de l'année dernière; et vous n'ignorez pas qu'elles furent à cette époque l'objet d'une discussion complète, qui ne put toutefois amener l'entente sur certains points d'une importance incontestable.

»Ce précédent ne saurait pourtant nous décourager; car, l'accord sur nombre d'autres points se trouvant déjà constaté, il nous est permis de croire que l'examen impartial et approfondi que nous reprenons en ce moment aboutira sûrement à la solution équitable de la totalité des questions débattues.

»Il n'est point douteux que la modération et la sincérité dont s'inspirera certainement la sagesse de notre collègue Sid Mohammed Vargas seront appréciées par les Plénipotentiaires des Puissances ici représentées, et que chacun d'entre nous sera disposé à consentir à telles modifications du régime actuel qui seraient reconnues compatibles avec les droits acquis et les intérêts considérables qu'il faut laisser à l'abri de toute atteinte. Dès lors nous sommes bien fondés à espérer que nos labeurs ne seront pas perdus, et que votre Conférence, Messieurs, si hautement autorisée, ne se sera pas réunie en vain.

»Quant à moi, rien ne me coûtera pour contribuer à la réalisation de cet espoir, convaincu, comme je le suis, que l'entente des Puissances et leur communauté de vues dans ces questions, constitueront la plus puissante des influences pour hâter le développement du commerce et assurer les progrès de la civilisation dans ces intéressantes contrées de l'Afrique septentrionale, régies depuis tant des siècles par les Souverains du Maroc.»

Répondant à une question du Président, le Plénipotentiaire du Maroc déclare que le texte qui a été distribué des demandes présentées par lui à la Conférence de Tanger est exact et authentique.

Le Plénipotentiaire d'Autriche demande s'il existe des documents, autres que le résumé de cette Conférence (*Annexe* I) dont les Plénipotentiaires ont reçu communication.

Le Président répond affirmativement, ajoutant que les autres pièces déposées au bureau, qui comprennent toutes celles que possède le Gouvernement espagnol, seront imprimées et distribuées à MM. les Plénipotentiaires.

Le Président propose ensuite d'entendre les observations générales qu'aurait à présenter le Plénipotentiaire du Maroc.

Sid Mohammed Vargas exprime l'espoir qu'il trouvera auprès des Plénipotentiaires réunis à Madrid le même esprit d'équité qu'il a constaté dans ses relations comme Ministre des Affaires Étrangères avec les Représentants des mêmes Puissances au Maroc.

Il annonce qu'il proposera quelques modifications aux demandes présentées par lui à la réunion de Tanger, qui lui sont suggérées par les résultats de cette Conférence.

Sid Mohammed Vargas ajoute que son but sera en général de faire cesser les abus de la protection, pour arriver à s'en tenir exclusivement, en tout et pour tout, aux textes des Traités.

Les Plénipotentiaires estimant qu'il importe à la régularité de la discussion de connaître le texte exact des modifications annoncées, la Conférence s'ajourne pour permettre au Plénipotentiaire du Maroc de faire connaître par écrit l'ensemble de ses nouvelles observations.

La séance est levée à deux heures et demie.

Signé: Comte Solms.
Comte Ludolf.
Ed. Anspach.
A. Cánovas del Castillo.
Lucius Fairchild.
Jaurès.
L. S. Sackville West.
Greppi.
Mohammed Vargas.
M. de Heldewier.
Comte de Casal Ribeiro.
H. Akerman.

PROTOCOLE N° 2.

SÉANCE DU 24 MAI 1880.

Étaient présents: MM. les Plénipotentiaires d'Allemagne, Autriche-Hongrie, Belgique, Espagne, États-Unis d'Amérique, France, Grande Bretagne et Danemark, Italie, Maroc, Pays-Bas, Portugal, et Suède et Norvége.

La séance est ouverte à une heure et demie.

Le procès-verbal de la dernière séance est lu et approuvé.

Lecture est donnée des déclarations additionnelles présentées à la Conférence par Mr. le Plénipotentiaire du Maroc. *(Voir l'annexe* VIII).

Le Plénipotentiaire de France constate que Sid Mohammed Vargas, aggravant ses propositions antérieures et s'écartant de l'accord établi à Tanger sur sa demande numéro 1, revient aujourd'hui sur cette demande pour déclarer que la Convention de 1863 est préjudiciable aux transactions commerciales, qu'elle entrave l'exercice de la justice et empêche le maintien de l'ordre dans l'Empire du Maroc, etc., etc.

Mr. le Plénipotentiaire de France a fait connaître sommairement à son Gouvernement les nouvelles propositions du Représentant de S. M. Shériffienne, en même temps qu'il annonçait l'envoi du texte complet de ces propositions: mais jusqu'à ce que le Gouvernement de la République Française ait pu examiner ce document et lui faire connaître son appréciation, il ne lui serait pas permis, en premier lieu, d'accepter que les actes internationaux qui lient la France au Maroc fussent, pour ainsi dire, mis en question, et, d'autre part, devant attendre les ordres de son Gouvernement, il se voit dans l'impossibilité d'entrer en conversation sur les dites nouvelles propositions.

Le Plénipotentiaire du Maroc, en présence de ses observations, déclare ne souhaiter qu'une solution qui puisse satisfaire les intérêts de tous.

Le Président demande à présenter quelques observations touchant plutôt à la forme de la discussion qu'au fond de la question même.

Il ne faut pas, à son avis, voir dans le numéro 1 de Tanger, une demande véritable: ce numéro, ainsi que le suivant, ne constitue que la déclaration d'un état de choses existant, que Mr. le Plénipotentiaire du Maroc vient de commenter par l'annonce de modifications qui seront demandées au cours de la Conférence actuelle.

Le Président croit que le Maroc pourrait renoncer à cette addition. En effet, l'arrangement de 1863 a été, de fait, discuté á Tanger: qu'il soit ou non commenté par la nouvelle déclaration de Sid Mohammed Vargas, cet arrangement et les modifications qu'il serait possible d'y apporter seront nécessairement l'objet de l'examen de MM. les Plénipotentiaires.

La déclaration ou observation de Mr. le Plénipotentiaire du Maroc paraît donc tout au moins superflue.

Le Président pense, par conséquent, que le Représentant du Maroc pourrait sans inconvénient abandonner cette addition; mais il déclare avec une égale franchise que si on ne devait pas, au cours des délibérations actuelles, toucher absolument au texte de 1863, la Conférence se tiendrait dans des conditions moins favorables que celle de Tanger, au sein de laquelle ces questions ont été traitées par les Représentants.

Le Plénipotentiaire de France répond en faisant remarquer la différence qui existe entre la demande de Tanger et le langage tenu à Madrid par Sid Mohammed Vargas.

Il accepte la proposition du Président de faire disparaître cette déclaration préalable; mais il y a aussi d'autres points dont l'étude est devenue nécessaire par suite des nouvelles additions, ce qui ne lui permet pas de prendre part à la discussion immédiate des propositions marocains.

Le Plénipotentiaire du Maroc répète qu'il ne cherche qu'une solution qui mette sur le même pied les sujets du Sultan et les sujets étrangers, et qui sauvegarde les droits du Sultan.

Il rappelle les paroles du Représentant de France, qui a constaté à Tanger qu'il ne tenait qu'au Maroc de se dégager s'il désirait rompre l'engagement de 1863. (Séance du 27 Mars 1879.)

Néanmoins, le Plénipotentiaire du Maroc se borne à exposer à la Conférence l'état des choses tel qu'il existe actuellement, dans l'espoir que les Plénipotentiaires réunis sauront trouver une solution.

L'Amiral Jaurès insiste sur ce point que la France a accepté de prendre part à une Conférence ayant pour but d'examiner certains abus et d'en chercher le remède, et non pas d'attaquer et de détruire une Convention. La dénonciation de l'arrangement de 1863, s'il en était question, lui semblerait plus naturellement réservée à une négociation directe entre le Maroc et la France.

Le Président observe que le Plénipotentiaire de France est le seul juge de la nécessité où il se trouverait d'attendre de nouvelles instructions en vue des observations présentées par Sid Mohammed Vargas. La Conférence devrait s'ajourner, en ce cas, jusqu'à ce que Mr. le Plénipotentiaire de France fût en mesure de prendre part à ses travaux.

Cependant, comme Président de la Conférence, plus encore que comme Plénipotentiaire d'Espagne, il croirait nécessaire, avant de suspendre les délibérations, de fixer exactement l'état de la question.

Selon lui, la validité de la Convention de 1863 n'a aucunement été révoquée en doute par Sid Mohammed Vargas, car une prétention semblable devrait nécessairement provoquer d'autres déclarations comme celle que vient de faire le Plénipotentiaire de France. Les numéros 1 et 2 de la Conférence de Tanger sont une constatation de fait, qui impliquent la reconnaissance de la valeur absolue de l'arrangement de 1863. Mr. Cánovas del Castillo rappelle que l'Espagne est d'ailleurs liée par une Convention identique.

Mr. le Président pense que le Représentant du Maroc a voulu seulement constater les difficultés résultant de l'application de la Convention de 1863, qui le forcent de prier la Conférence de chercher une modification conciliatrice de cet acte international. Ce n'est qu'ainsi que l'on doit entendre l'addition proposée par Sid Mohammed Vargas.

Du reste, dans les Conférences de Tanger, on a longuement discuté, non la valeur absolue, mais les modifications éventuelles de l'arrangement de 1863. Or, ce qui a été discuté à Tanger doit être considéré comme discutable à Madrid.

Mr. le Plénipotentiaire de la Grande Bretagne déclare adhérer entièrement à ces observations du Président de la Conférence.

Le Plénipotentiaire de France dit qu'il est également d'accord sur bien de points avec Mr. Cánovas del Castillo. En effet, les stipulations particulières de 1863 pourront être l'objet de discussions dans la Conférence.

Il prie toutefois de bien vouloir remettre la discussion à une prochaine séance, afin de permettre l'examen, par le Gouvernement français, des autres points nouvellement soulevés.

Le Président demande si, l'addition au numéro 1 étant retirée, le Plénipotentiaire de France croirait pouvoir prendre part à une discussion immédiate des demandes jusqu'à la 14ᵉ, sur laquelle portent également les modifications.

Le Plénipotentiaire de France maintient sa demande de remise. Il annoncera à son Gouvernement que, l'addition au numéro 1 étant retirée, la discussion semble être libre jusqu'au numéro 14.

Sur la demande du Président, le Plénipotentiaire du Maroc déclare qu'il retire en effet cette addition.

Le **Président** observe que la discussion des numéros à partir du 14 pourra porter sur l'ensemble des propositions marocaines, et qu'il reste entendu que tout ce qui a été discuté à Tanger pourra être l'objet d'additions ou de modifications dans la Conférence actuelle.

La Conférence s'ajourne jusqu'au surlendemain 26 Mai.

La séance est levée à deux heures et demie.

Signé: Comte Solms.
Comte Ludolf.
Ed. Anspach.
A. Cánovas del Castillo.
Lucius Fairchild.
Jaurès.
L. S. Sackville West.
Greppi.
Mohammed Vargas.
M. de Heldewier.
Comte de Casal Ribeiro.
H. Akerman.

PROTOCOLE N° 3.

SÉANCE DU 26 MAI 1880.

Étaient présents: MM. les Plénipotentiaires d'Allemagne, Autriche-Hongrie, Belgique, Espagne, États-Unis d'Amérique, France, Grande Bretagne et Danemark, Italie, Maroc, Pays-Bas, Portugal, et Suède et Norvége.

La séance est ouverte à une heure et demie.

Le procès-verbal de la séance antérieure est lu et approuvé. Le Plénipotentiaire de France se réserve seulement d'examiner plus tard, s'il y a lieu, le sens donné par Mr. le Plénipotentiaire du Maroc à la phrase où il est dit:

«Qu'il ne cherche qu'une solution qui mette sur le même pied les sujets du Sultan et les sujets étrangers.»

La Conférence passe à la discussion par numéros des demandes présentées aux Conférences de Tanger par le Gouvernement marocain.

Les Plénipotentiaires reconnaissent que le numéro 1 et le numéro 2 de ces demandes ne sont qu'une constatation de faits.

Sur la mise en discussion du numéro 3, ainsi conçu: «Les Consuls, dans les villes de la côte, ne pourront choisir qu'un interprète, un soldat et deux domestiques parmi les sujets du Sultan. Ceux-ci ne seront non plus soumis à aucun droit, impôt ni taxe quelconque;» le Plénipotentiaire de France fait observer que vu la possibilité d'avoir un jour des Consuls dans l'intérieur du Maroc, il y aurait lieu à supprimer le membre de phrase restrictif: «*dans les villes de la côte*».

Le Président propose d'adopter les termes des Traités anglais et espagnol. Cette proposition étant acceptée, le numéro 3 est adopté par la Conférence, avec la rédaction suivante:

«*Les Consuls, Vice-Consuls ou Agents consulaires Chefs de poste, qui résident dans les États du Sultan du Maroc, ne pourront choisir qu'un interprète, un soldat et deux domestiques parmi les sujets du Sultan. Ceux-ci ne seront non plus soumis à aucun droit, impôt ni taxe quelconque.»*

La Conférence adopte également le numéro 4, avec l'addition déjà proposée à Tanger par le Représentant d'Allemagne.

L'article sera rédigé par conséquent en ces termes:

«Si un Représentant nomme un sujet du Sultan à un poste d'Agent consulaire dans un port de la côte, cet Agent sera respecté et honoré, ainsi que sa famille habitant sous le même toit, laquelle, comme lui, ne sera soumise à aucun droit, impôt ni taxe quelconque; mais il n'aura pas le droit de protéger d'autres sujets du Sultan en dehors de sa famille.

» Toutefois il pourra, pour l'exercice de ses fonctions, avoir un soldat protégé.»

A propos du numéro 5, ainsi conçu: «Le Gouvernement marocain reconnaît aux Ministres, Chargés d'Affaires et autres Représentants le droit qui leur est accordé par les Traités de choisir les personnes qu'ils emploient, soit à leur service personnel, soit à celui de leurs Gouvernements, à moins toutefois que ce ne soient des Cheiks ou autres employés du Gouvernement marocain, tels que les soldats de ligne ou de cavalerie, en dehors des Maghaznias préposés à leur garde. De même ils ne pourront employer des gens poursuivis;» une discussion s'engage sur le sens exact à attribuer à l'expression «*des gens poursuivis*», à laquelle a déjà été substituée à Tanger celle de «*aucun sujet marocain sous le coup de poursuites*».

Mr. le Plénipotentiaire de Belgique propose de développer le sens de ces mots, en ajoutant:

«Il reste entendu que les procès civils engagés avant la protection se termineront devant le Tribunal qui en aura entamé la procédure.»

Le Plénipotentiaire du Portugal demande que l'on déclare qu'il y aura réciprocité de la part du Maroc pour les procès engagés contre des protégés pour lesquels la protection viendrait à cesser, suivant la déclaration de Sid Mohammed Vargas dans sa lettre du 18 Février 1879, qui ne se trouve pas reproduite dans ses dernières observations.

Le numéro 5 avec ces additions est réservé, afin de permettre à Mr. le Plénipotentiaire de France d'en référer à son Gouvernement.

La Conférence adopte à la suite le numéro 6 avec la rédaction suivante:

«Les Représentants étrangers informeront par écrit le Ministre des Affaires Étrangères du Sultan, du choix qu'ils auront fait d'un employé. Toutefois le droit de protection ne pourra être exercé à l'égard des personnes poursuivies pour un

délit ou un crime avant qu'elles n'aient été jugées par les Autorités du pays et qu'elles n'aient, s'il y a lieu, accompli leur peine.»

La Conférence passe à l'examen du numéro 7, ainsi conçu:

«D'après les Traités et Conventions, la protection s'étend sur la famille du protégé et sa demeure est respectée; mais il est évident que la famille ne doit se composer que de la femme, des enfants et de certains parents mineurs qui habitent sous le même toit. Quelques personnes l'ayant étendue davantage, le Gouvernement marocain demande qu'elle soit limitée à ces individus.

»La protection n'est point héréditaire.»

A la demande du Plénipotentiaire d'Autriche-Hongrie, les mots *«de certains parents mineurs»*, jugés trop vagues, sont remplacés par ceux-ci: *«des parents mineurs»*.

Sur la question de la protection héréditaire, le Plénipotentiaire de France rappelle que la Convention de 1863 accorde formellement cette protection à la famille Benchimol. Les raisons qui ont motivé cette exception ont été dûment appréciées à cette époque par le Gouvernement marocain; elles ont conservé toute leur force, et il est impossible au Gouvernement français d'abandonner une famille qui jouit depuis dix-sept ans de la plus juste considération. Il demande le maintien de cette exception si légitime.

Le Plénipotentiaire du Portugal, tout en maintenant dans toute son étendue le droit au traitement de la Nation la plus favorisée, reconnu toujours au Portugal et récemment encore lors des Ambassades spéciales envoyées par Sa Majesté Shériffienne en 1875 et 1877, admet que la France puisse alléguer des motifs spéciaux en faveur d'une exception qui, selon lui, n'invalide pas le principe. Il accepte donc sans réserve que la protection ne soit pas héréditaire, avec l'exception unique établie nominativement dans la Convention de 1863. Seulement, pour le cas où le Gouvernement marocain accorderait par la suite d'autres exceptions de cette nature, il réserverait le droit du Gouvernement portugais de réclamer une exception analogue.

Pareille réserve est faite par les autres Plénipotentiaires.

Le numéro 7 est ainsi rédigé:

«D'après les Traités et Conventions, la protection s'étend sur la famille du protégé et sa demeure est respectée; mais il est entendu que la famille ne doit se composer que de la femme, des enfants et des parents mineurs qui habitent sous le même toit. La Conférence déclare que la protection est limitée à ces individus.

»La protection n'est point héréditaire. Une seule exception est maintenue en

faveur de la famille Benchimol, comme étant établie dans la Convention de 1863; mais elle ne saurait créer un précédent. Cependant, si le Souverain du Maroc accordait une autre exception, toutes les Puissances représentées à la Conférence auraient le droit de réclamer une exception pareille.»

Le Plénipotentiaire d'Italie ne se croit pas autorisé, avant d'avoir reçu de nouvelles instructions de son Gouvernement, à renoncer à la protection héréditaire que le Représentant d'Italie à la Conférence de Tanger a réclamée en faveur de la famille Toledano.

Le numéro 8 est adopté dans les termes suivants:

«Les Représentants communiqueront chaque année au Ministre des Affaires Étrangères une liste nominative des personnes qu'ils protègent ou qui sont protégées par leurs Agents dans les États du Sultan du Maroc. Cette liste sera transmise aux Autorités locales; celles-ci ne devront considérer comme protégés que ceux qui y seront inscrits.»

La Conférence s'ajourne jusqu'au surlendemain vendredi 28 Mai.

La séance est levée à cinq heures et demie.

Signé: Comte Solms.
Comte Ludolf.
Ed. Anspach.
A. Cánovas del Castillo.
Lucius Fairchild.
Jaurès.
L. S. Sackville West.
Greppi.
Mohammed Vargas.
M. de Heldewier.
Comte de Casal Ribeiro.
H. Akerman.

PROTOCOLE N° 4.

SÉANCE DU 28 MAI 1880.

Étaient présents: MM. les Plénipotentiaires d'Allemagne, Autriche-Hongrie, Belgique, Espagne, États-Unis d'Amérique, France, Grande Bretagne et Danemark, Italie, Maroc, Pays-Bas, Portugal, et Suède et Norvége.

La séance est ouverte à une heure et demie.

Le procès-verbal de la dernière séance est lu et approuvé.

La Conférence reprend la discussion du numéro 5, réservé à délibération ultérieure dans la séance du 26 Mai.

Le Président demande à Mr. le Plénipotentiaire de France s'il est en mesure d'accepter ce numéro.

L'Amiral Jaurès répond affirmativement.

Mr. le Plénipotentiaire d'Autriche-Hongrie propose d'ajouter à la rédaction de ce numéro ces mots: «L'exécution de la sentence ne rencontrera pas d'empêchement. Toutefois, l'Autorité locale marocaine aura soin de communiquer immédiatement la sentence rendue à la Légation, Consulat ou Agence consulaire dont relève le protégé.»

La Conférence adopte cette clause, ainsi que celle suggérée à la séance antérieure par le Plénipotentiaire de Portugal.

La Conférence déclare adopter l'ensemble du numéro 5, ainsi rédigé:

«Le Gouvernement marocain reconnaît aux Ministres, Chargés d'Affaires et autres Représentants le droit qui leur est accordé par les Traités de choisir les personnes qu'ils emploient, soit à leur service personnel, soit à celui de leurs Gou-

vernements, à moins toutefois que ce ne soient des Cheiks ou autres employés du Gouvernement marocain, tels que les soldats de ligne ou de cavalerie, en dehors des Maghaznias préposés à leur garde. De même ils ne pourront employer aucun sujet marocain sous le coup de poursuites.

»*Il reste entendu que les procès civils engagés avant la protection se termineront devant les Tribunaux qui en auront entamé la procédure. L'exécution de la sentence ne rencontrera pas d'empêchement. Toutefois, l'Autorité locale marocaine aura soin de communiquer immédiatement la sentence rendue à la Légation, Consulat ou Agence consulaire dont relève le protégé.*

»*Quant aux protégés qui auraient un procès commencé avant que la protection ait cessée pour eux, leur affaire sera jugée par le Tribunal qui en était saisi.*»

La Conférence passe à la discussion du numéro 7, également réservé dans la dernière séance.

Mr. le Plénipotentiaire d'Italie dit qu'il est autorisé à accepter ce numéro tel qu'il a été établi dans la séance du 26 Mai.

La Conférence déclare en conséquence que le numéro 7 est adopté.

Sur le numéro 9, ainsi conçu: «Il ne sera accordé aux Consuls que le nombre de protégés stipulé dans les Traités, à moins toutefois qu'ils n'aient besoin d'un Secrétaire arabe», le Plénipotentiaire de France observe qu'il s'agit ici du nombre des protégés stipulé, non dans les Traités, mais dans les articles précédemment adoptés.

La Conférence, constatant qu'en effet, ce numéro semblerait reproduire le numéro 3, qui détermine précisément le nombre de protégés que pourront avoir les Consuls ou Agents consulaires, adopte le numéro 9 avec la rédaction suivante:

«*Il ne sera accordé aux Consuls, Viceconsuls ou Agents consulaires Chefs de poste que le nombre de protégés stipulé dans le numéro 3, à moins toutefois qu'ils n'aient besoin d'un secrétaire indigène.*»

La Conférence entreprend à la suite la discussion du numéro 10, ainsi conçu:

«L'Officier consulaire sera tenu d'annoncer les changements survenus dans le personnel de son Consulat. Les Agents remettront chaque année à l'Autorité du pays qu'ils habitent une liste, revêtue de leur sceau, des personnes qu'ils protègent. Cette Autorité la transmettra au Ministre des Affaires Étrangères, afin que, si elle n'est pas conforme aux Règlements, les Chefs de Mission à Tanger en soient informés.»

Mr. le Plénipotentiaire de FRANCE observe qu'il est bien entendu que les listes de protection, dressées régulièrement, auront leur plein effet du jour où elles auront été arrêtées et transmises, et qu'elles n'auront pas à attendre de ratification directe ou indirecte de la part du Gouvernement marocain.

La Conférence reconnait la justesse de cette observation, admise par Sid Mohammed Vargas.

Le Plénipotentiaire du MAROC demande, et la Conférence accepte, qu'il n'y ait pas de délai dans la communication qui sera faite des mutations survenues dans le personnel des Consulats.

La Conférence adopte le numéro **10**, avec la rédaction suivante:

«Les Agents remettront chaque année à l'Autorité du pays qu'ils habitent une liste, revêtue de leur sceau, des personnes qu'ils protègent. Cette Autorité la transmettra au Ministre des Affaires Étrangères, afin que si elle n'est pas conforme aux Règlements, les Représentants à Tanger en soient informés.

»L'Officier consulaire sera tenu d'annoncer immédiatement les changements survenus dans le personnel protégé de son Consulat.»

Sur la mise en discussion du numéro **11**, ainsi conçu: «Les Gérants des Viceconsulats sujets du Sultan n'auront pas le droit de protéger leurs employés à moins que ceux-ci ne soient leurs parents» qui a été accepté par la Conférence de Tanger avec la substitution des mots «Agents consulaires sujets du Sultan», Mr. le Plénipotentiaire de FRANCE expose que la situation des Agents consulaires, sujets du Sultan, ayant été réglée par le numéro 4, il est utile de régler par le numéro 11 celle des Gérants des Viceconsulats sujets du Sultan.

La Conférence adopte le numéro **11**, rédigé dans ces termes:

«Les Gérants des Viceconsulats, sujets du Sultan, jouiront, pendant l'exercice de leurs fonctions, des droits reconnus par le numéro 4 aux Agents consulaires.»

Elle adopte de même, sans discussion, le numéro **12**, ainsi rédigé:

«Les domestiques, fermiers et autres employés indigènes des secrétaires et interprètes indigènes ne jouissent pas de la protection.»

Et le numéro **13**, qui dit:

«Les employés ou domestiques marocaines des sujets étrangers ne sont pas protégés. Toutefois, les Autorités locales ne pourront arrêter un employé ou domestique

d'un fonctionnaire indigène au service d'une Légation, d'un Consulat ou d'un sujet ou protégé étranger, sans en avoir prévenu l'Autorité dont il dépend. Si un sujet marocain au service d'un sujet étranger venait à tuer quelqu'un, à le blesser ou à violer son domicile, il sera immédiatement arrêté, mais l'Autorité diplomatique ou consulaire sous laquelle il est placé, sera avertie sans retard.»

La Conférence s'ajourne au lundi 31 Mai.

La séance est levée à cinq heures.

Signé: Comte Solms.
Comte Ludolf.
Ed. Anspach.
A. Cánovas del Castillo.
Lucius Fairchild.
Jaurès.
L S. Sackville West.
Greppi.
Mohammed Vargas.
M. de Heldewier.
Comte de Casal Ribeiro.
H. Akerman.

PROTOCOLE N° 5.

SÉANCE DU 1ER JUIN 1880.

Etaient présents: MM. les Plénipotentiaires d'Allemagne, Autriche-Hongrie, Belgique, Espagne, États-Unis d'Amérique, France, Grande Bretagne et Danemark, Italie, Maroc, Pays-Bas, Portugal, et Suède et Norvége.

La Conférence ne s'étant pas réunie le 31 Mai, par des raisons que Mr. le Président expose brièvement, la cinquième séance est ouverte le 1er Juin à une heure et demie.

Le procès-verbal de la séance anteriéure est lu et approuvé.

Le Président, après avoir constaté que l'ordre de la discussion appelle les numéros 14 et suivants de Tanger, propose à la Conférence de prendre en considération l'ensemble des numéros 14 à 16 qui portent également sur la situation des censaux.

Le Plénipotentiaire de France pense que l'on pourrait examiner par numéros les propositions qui ont été présentées par le Gouvernement marocain.

Le Plénipotentiaire du Maroc, rappelant que les nouvelles demandes qu'il a présentées à Madrid ne font que reproduire le langage qu'il a tenu aux Représentants étrangers réunis chez lui à Tanger le 19 Juillet 1870, demande a retirer sa déclaration de Madrid et à s'en tenir à ce qu'il a dit à Tanger. Il n'a voulu qu'exposer les maux dont souffre son pays; il en attend le remède de la Conférence, et préfère discuter ce qu'elle proposera.

Il ajoute qu'en présence des préjudices qu'occasionne la protection accordée aux censaux, le Sultan pourrait user du droit, que lui reconnaissent les Traités, d'interdire l'exportation. Il pourrait aussi déclarer que le commerce ne s'exercerait désormais que par les ports qu'il désignerait. Mais il n'aura recours à aucune de ces mesures, aimant mieux s'en rapporter à l'équité des Plénipotentiaires appelés à discuter cette question d'un intérêt vital pour le Maroc.

Le Plénipotentiaire de France observe qu'au moment de passer à l'examen de la protection accordée à la deuxième catégorie de protégés, les censaux, on ne saurait admettre qu'elle soit définie par analogie, comme le fait le numéro 14.

Il importe de mieux établir leur situation, et il propose une rédaction reproduisant les termes du Règlement de 1863.

Mr. le Plénipotentiaire de la Grande Bretagne demande à présenter quelques observations. Il estime que le Plénipotentiaire du Maroc ayant retiré les additions aux demandes numéros 14, 15 et 16 de Tanger, la Conférence devrait discuter d'autres moyens, afin d'arriver, d'un commun accord, à la solution des points dont il s'agit. Mais avant de soumettre à la Conférence les propositions qu'il a rédigées à cet effet, il doit déclarer que son Gouvernement désirant maintenir l'indépendance du Maroc, ainsi que l'autorité du Sultan dans son propre territoire, souhaite qu'il soit libéré des abus de la protection étrangère.

C'est donc dans les intérêts de l'Empire du Maroc et dans les intérêts du commerce légitime qu'il soumet les articles suivants, qu'il propose de substituer, dans la discussion, aux numéros 14, 15 et 16.

«1. Les agents, courtiers ou censaux indigènes des négociants étrangers seront choisis parmi les habitants des villes ou des ports et non parmi les habitants de la campagne.

»2. Tout agent indigène de négociant étranger sera muni d'une lettre du Gouverneur de la ville d'où il procède, afin que l'Autorité de la campagne le reconnaisse comme tel agent.

»3. Le nombre de ces agents pour chaque maison de commerce, sera d'un, de deux ou de trois, en proportion de l'importance de la maison de commerce.

»4. Les agents seront soumis à la juridiction locale. Ils seront traités et considérés comme les autres sujets du Sultan du Maroc, et comme eux soumis au paiement des contributions dûes au Gouvernement shériffien.

»5. Si un agent, dans la campagne, est accusé de meurtre ou de tout autre acte punissable, et arrêté, l'Autorité de la campagne ne le jugera pas ni lui imposera aucune peine, mais elle se limitera seulement à l'arrêter.

»6. Un inventaire de toute propriété en possession de l'agent, appartenant au négociant qui l'emploie, sera dressé par les Notaires publics et signé par l'agent, s'il sait écrire, en union des Notaires. Deux copies de cet inventaire seront envoyées au Gouverneur du port où réside le négociant, qui en donnera une au Consul de la Nation du négociant, et le Gouverneur de l'intérieur sera tenu responsable de la sûreté de cette propriété.

»7. L'agent arrêté à la campagne sera envoyé, avec toutes les preuves constatant son crime ou délit, au port où réside le négociant qui l'emploie pour y être jugé en présence du Consul de la Nation qui protège le négociant.

»8. Si l'agent est trouvé coupable, la lettre du Gouverneur dont parle l'article 2, ainsi que l'agence, lui seront retirées, et le négociant devra en nommer un autre pour se charger de sa propriété.

»9. Si au contraire, l'agent est reconnu innocent, l'affaire sera portée à la connaissance du Sultan par le Représentant de la Nation du négociant, et le Gouverneur ou Cheik qui aura porté la fausse accusation sera puni, et une satisfaction lui sera donnée en proportion de l'injustice dont il aurait été victime.»

Mr. le Président observe qu'il a eu connaissance d'autres propositions que le Plénipotentiaire d'Autriche-Hongrie avait préparées, et adresse à ce dernier la demande s'il ne voudrait pas les présenter.

Mr. le Plénipotentiaire d'Autriche-Hongrie répond que son projet étant conçu d'un point de vue différent de celui du Plénipotentiaire de la Grande Bretagne, il croit devoir laisser la priorité à la discussion du projet anglais et faire dépendre la présentation de ses propositions de l'accueil qu'auront trouvé celles de Mr. West.

Le Plénipotentiaire de France dit que la rédaction qu'il a proposé de substituer au numéro 14 des propositions marocaines reproduit le texte de 1863, dont le Gouvernement français ne peut se départir. Il rappelle qu'aucun Traité n'avait limité, pour la France, le nombre de ses protégés; en le fixant, en 1863, à deux censaux par comptoir, on a déjà peut-être été au delà, comme concession, de ce qu'exigent les intérêts des négociants français. Il déclare qu'il ne pourrait accepter que le nombre des censaux fût encore réduit.

Le Plénipotentiaire d'Autriche-Hongrie fait remarquer qu'il serait essentiel d'examiner en premier lieu si les censaux continueront à être admis à la protection, et dans quelle mesure.

Le Plénipotentiaire de France n'entend discuter que sur la base du fait existant, c'est-à-dire, la situation établie par le Règlement de 1863, qui ne mentionne que des censaux protégés.

Le Président observe que la Conférence sera nécessairement amenée à s'occuper de la nature même de la protection dont pourront jouir les courtiers indigènes. Les articles lus par Mr. le Plénipotentiaire de la Grande Bretagne impliquent déjà une solution de cette question de principe.

Le Président pense, comme Mr. le Plénipotentiaire de France, que l'on ne saurait établir la situation des censaux par une analogie.

La définition des censaux contenue dans le Règlement de 1863 semble irréprochable. Ce texte établit en même temps deux catégories de protégés: le

Président est d'avis qu'il serait utile de faire précéder par cette déclaration l'examen de la question des censaux. Il appartiendra ensuite à la Conférence de décider si la protection doit être la même pour les deux catégories de protégés.

Le Gouvernement marocain a cru évidemment qu'on pourrait établir une distinction entre les deux catégories. Les articles présentés par les Représentants de la Grande Bretagne à Tanger et à Madrid témoignent de la même persuasion.

Comme Plénipotentiaire d'Espagne, Mr. Cánovas del Castillo serait du même avis. Selon lui, il serait possible de déduire du texte même de 1863, qui est commun à l'Espagne et à la France, qu'on n'a pas entendu assimiler complétement les employés des négociants aux employés des Consulats: les catégories supposent une distinction.

Cette question est également soulevée par les demandes marocaines et par les propositions anglaises. Toutefois Mr. le Président n'entend pas entrer pour le moment dans le fond de la question; ses remarques n'ont d'autre but que d'indiquer les opinions qui pourront se faire jour dans le courant de la discussion. Pour le moment il désire seulement consulter la Conférence sur l'ordre à suivre dans les débats qui vont s'engager.

Mr. le Plénipotentiaire de France ne croit pas que le texte de 1863 puisse être interprété comme il vient d'être fait. Pour lui, les catégories qu'établit ce texte sont basées naturellement sur les qualités des personnes et non sur la nature de leurs droits: l'identité de ces droits est, au contraire, absolue et confirmée par dix-sept ans d'un usage continu.

Mr. le Plénipotentiaire de Belgique pense qu'il est préférable de discuter sur l'ensemble des numéros 14 à 16, ainsi qu'il a été proposé par le Président. Il faut avant tout examiner quelle sera la protection qu'on accordera aux censaux.

Le Plénipotentiaire de France ne s'oppose pas, si la Conférence le préfère, à ce que la discussion porte sur l'ensemble des numéros 14 à 16.

Le Plénipotentiaire d'Autriche-Hongrie observe qu'il importe d'examiner dès le principe si la question des censaux devra être discutée sur la base, préférable à son avis, des Traités existants, ou sur celle des propositions marocaines ou anglaises, qui paraissent faire abstraction de ces Traités.

Le Plénipotentiaire de Portugal, d'accord avec le Président et Mr. le Plénipotentiaire de Belgique, croit qu'il faut discuter ensemble les numéros 14 à 16. Ces numéros ont toujours été réunis dans les délibérations antérieures: la nature même des faits et des propositions l'a exigé.

En discutant ainsi l'ensemble de la question sur la base, déjà adoptée, des propositions marocaines, on sera amené naturellement à traiter la question de principe, soulevée par le Plénipotentiaire d'Autriche-Hongrie. En effet, les numéros 14, 15 et 16 constituent en eux mêmes une modification des Traités existants. Il ne s'agit point seulement pour la Conférence de constater ce qui existe dans les Traités; elle a déjà fait plus que d'en interpréter les textes: l'addition faite au numéro 4 est une extension et par conséquent une modification d'un des Traités existants; ilest évident qu'on pourra d'un commun accord les modifier sur d'autres points également.

Le Président constate que le droit actuel est incontestablement celui qu'établissent les Traités existants et, en particulier, le texte de 1863; il est non moins évident, et il a déjà été reconnu, que l'objet même des délibérations de la Conférence est la modification de ces Traités. L'ordre de la discussion paraît ressortir de ce point acquis.

Le Président demande à Mr. le Plénipotentiaire du Maroc s'il entend maintenir les demandes présentées à Tanger sous les numéros 14, 15 et 16.

Le Plénipotentiaire du Maroc déclare qu'il ne veut qu'exposer les maux de son pays, et qu'il laisse à la Conférence le choix des moyens propres à y porter remède. Il ajoute que ses plaintes sont les mêmes qu'il a déjà formulées à Tanger, et qu'il est disposé, ainsi qu'il l'a dit à cette époque, à entrer dans la discussion de tout nouvel arrangement qui pourrait mettre fin aux maux de son pays, tout en sauvegardant les intérêts légitimes du commerce.

Il déclare, à plusieurs reprises, qu'il ne propose rien et s'en rapporte à la Conférence.

En présence de ces déclarations de Sid Mohammed Vargas, et les Plénipotentiaires étant d'accord pour prendre comme point de départ de leurs delibérations sur cette question les plaintes présentées à Tanger par le Gouvernement marocain, le Président consulte les Plénipotentiaires sur le choix des propositions à discuter.

Le Plénipotentiaire d'Allemagne est d'avis d'adopter comme base les numéros 14 à 16 marocains.

Le Plénipotentiaire d'Autriche-Hongrie demande que l'on prenne en considération les plaintes du Maroc, en passant à la discussion des propositions de l'Angleterre, puisque le Plénipotentiaire du Maroc a retiré les siennes.

Le Plénipotentiaire de Belgique constate que le Maroc ayant retiré ses demandes, la Conférence se trouve en présence du projet anglais, qui doit servir de base à la discussion.

Le Plénipotentiaire d'Espagne est du même avis que les Plénipotentiaires d'Autriche-Hongrie et de Belgique.

Le Plénipotentiaire des ÉTATS-UNIS adhère à la demande de celui d'Autriche-Hongrie.

Le Plénipotentiaire de FRANCE demande que la discussion s'engage sur les propositions de Tanger.

Le Plénipotentiaire de la GRANDE BRETAGNE demande la priorité de discussion pour les articles qu'il a presentés.

Le Plénipotentiaire d'ITALIE vote pour la discussion des propositions marocaines.

Le Plénipotentiaire du MAROC répétant qu'il s'en rapporte à la Conférence, les Plénipotentiaires des PAYS-BAS, PORTUGAL et SUÈDE ET NORVÉGE déclarent partager l'avis qui a été exprimé par le Plénipotentiaire de Belgique.

Mr. le Comte de CASAL RIBEIRO observe, toutefois, qu'il eût été plus naturel que le Maroc modifiât la rédaction de ses demandes, ou en présentât de nouvelles; mais il ne croit pas que cette question, toute de forme, puisse faire une difficulté réelle pour discuter les propositions anglaises.

Le Plénipotentiaire de FRANCE déclare qu'il était prêt à accepter la discussion sur le terrain où elle avait été placée à Tanger; mais que si l'on doit discuter les articles présentés par l'Angleterre, il est obligé de prier la Conférence de s'ajourner, afin de lui permettre de faire connaître à son Gouvernement les nouvelles propositions anglaises.

La Conférence s'ajourne, suivant le désir exprimé par Mr. le Plénipotentiaire de France.

La séance est levée à quatre heures.

Signé: COMTE SOLMS.
COMTE LUDOLF.
ED. ANSPACH.
A. CÁNOVAS DEL CASTILLO.
LUCIUS FAIRCHILD.
JAURÈS.
L. S. SACKVILLE WEST.
GREPPI.
MOHAMMED VARGAS.
M. DE HELDEWIER.
COMTE DE CASAL RIBEIRO.
H. AKERMAN.

PROTOCOLE N° 6.

SÉANCE DU 6 JUIN 1880.

Etaient présents: MM. les Plénipotentiaires d'Allemagne, Autriche-Hongrie, Belgique, Espagne, Etats-Unis d'Amérique, France, Grande Bretagne et Danemark, Italie, Maroc, Pays-Bas, Portugal, et Suède et Norvége.

La séance est ouverte à une heure.

Le procès-verbal de la dernière séance est lu et approuvé.

Mr. le Plénipotentiaire de France demande la parole et s'exprime en ces termes:

«Avant d'entrer dans l'examen des propositions présentées à la dernière séance par notre collègue le Plénipotentiaire de la Grande Bretagne, permettez-moi, Messieurs, de faire tout d'abord cette observation: que lorsqu'une Puissance demande à d'autres Nations, avec lesquelles elle est liée par des Traités et des Conventions, de renoncer à une partie des avantages que leur assurent ces actes internationaux, il semblerait naturel, si de sérieuses difficultés s'élèvent, que cette Puissance atténuât ses demandes afin de faciliter l'accord. Or que s'est-il passé? Dans ses premières demandes le Maroc réclamait simplement, sous les numéros **14**, **15** et **16**, le paiement de taxes par les censaux et le droit d'arrêter ces agents en cas de flagrant délit de meurtre ou de violation de domicile. Il y avait déjà dans ces premières demandes certains points qu'il nous eût été difficile d'accepter; mais le Ministre de la Grande Bretagne à Tanger jugea sans doute qu'on pouvait aller au-delà; car il présenta des propositions dont le premier article dit qu'il nous sera interdit de prendre des agents commerciaux dans l'intérieur, et Sid Mohammed Vargas accepta cette addition.

»Les Conférences de Tanger n'ayant pu aboutir, on proposa d'en ouvrir de nouvelles à Madrid, et les Puissances intéressées acceptèrent. Eh bien! ces demandes sur lesquelles l'entente n'a pu s'établir à Tanger, les atténue-t-on ici? En aucune façon. Dans les propositions qu'il nous présente dès son arrivée le Plénipotentiaire de S. M. Shériffienne reproduit ses demandes de Tanger accrues de l'interdiction de prendre des agents dans l'intérieur; puis, Sid Mohammed Vargas retire définitivement toutes ses demandes et nous n'avons plus devant nous que les nouvelles propositions du Plénipotentiaire de la Grande Bretagne, qui aggravent encore, dans les numéros 3 et 4, celles que le Représentant de S. M. Britannique avait présentées à Tanger.

»Après avoir ainsi démontré que de jour en jour on nous a demandé davantage, permettez-moi, Messieurs, de vous exposer les motifs pour lesquels le Gouvernement français ne saurait accepter les propositions qui nous ont été présentées.

»En premier lieu, je dirai que nous avons, il est vrai, consenti à rechercher ce qu'il y aurait à faire pour supprimer certains abus qui, je ne crains pas de l'affirmer, nous étaient moins imputables qu'à d'autres; car nous n'avons jamais usé de nos droits qu'avec modération, et dès les premières reclamations du Gouvernement marocain nous avons rayé de nos listes tous les protégés qui n'étaient pas strictement nécessaires pour le service de la Légation et des Consulats, ne conservant, d'autre part, que le nombre de censaux qui nous est accordé par notre Convention avec le Maroc; mais de la recherche des abus à la suppression de la protection pour nos censaux, qu'on nous propose en réalité, il y a loin!

»Nous avons, par la Convention de 1863, consenti à réduire à deux par maison de commerce et par comptoir le nombre de nos agents commerciaux. J'ai déjà dit que par cette concession nous étions allés au-delà de ce que nous permettaient les intérêts de notre commerce. Assurément, nous sommes désireux d'aider le Maroc à sortir de ses difficultés, et nous pensons lui en éviter pour l'avenir en maintenant les privilèges d'un nombre restreint de courtiers que l'Administration marocaine connaît et auxquels elle pourrait, au besoin, faire retirer diplomatiquement la protection s'ils donnaient de justes sujets de plaintes; mais nous ne pouvons accepter une modification aux termes de notre Convention avec le Maroc, en ce qui concerne la protection acquise aux censaux employés par nos négociants.

»Nous ne saurions admettre davantage une limitation de notre liberté pour le choix des censaux.

»Les conditions particulières de notre commerce avec le Maroc nécessitent l'emploi de courtiers indigènes chargés par les négociants d'aller, souvent à de grandes distances des ports, chercher les laines qui fournissent la plus grand partie de l'exportation française. Vouloir nous interdire de prendre des censaux dans les campagnes, ce serait vouloir nous faire accepter la ruine à courte échéance de notre commerce au Maroc. Il faut indispensablement à nos négociants des agents qui connaissent l'intérieur du pays, les routes, les marchés, les points où il peuvent s'arrêter sans péril. On a dit que ce serait priver le Sultan des forces dont il aurait besoin en cas de rebellion; mais, Messieurs, sans compter qu'on envisage là un cas bien exceptionnel, comment admettre que le censal, propriétaire dans l'intérieur, refusera ses services à son Souverain lorsque les contrées qu'il habite seront menacées de troubles? Mais son propre intérêt sera, au contraire, de se joindre aux troupes de son maître pour assurer le rétablissement de l'ordre, et s'il est engagé dans une opération commerciale et absent, ses parents et ses serviteurs marcheront; car il y va de son honneur, de son influence personnelle, et souvent de sa vie et de ses biens, de ne pas se soustraire dans un moment de danger au devoir qui incombe à tous. Et à l'appui de ce que je viens de dire, j'ajouterai que dans un de ses rapports, notre Ministre à Tanger, Mr. de Vernouillet, cite le fait d'un riche agriculteur, censal français, qui lorsque les kabyles insurgés menaçaient la ville d'Alcazar, paya plus que tout autre de sa personne et contribua efficacement, en se joignant avec tout son monde aux soldats du Sultan, à faire rentrer dans l'ordre les tribus turbulentes.

»Enfin, d'autre part, ne pourra-t-on pas toujours, comme je l'ai déjà dit, demander par voie diplomatique, de retirer la protection à tout censal qui, exceptionnellement, s'en serait montré indigne? C'est là assurément une garantie sérieuse.

»Pour toutes les raisons qui précèdent nous ne pouvons, Messieurs, renoncer au droit que nous avons eu de tout temps de choisir des censaux dans l'intérieur; car c'est le seul moyen que nous ayons d'entrer en rapport avec les populations rurales.

»Quant à admettre que nos censaux soient soumis à l'Autorité locale et considérés et traités absolument comme les autres sujets du Sultan, celà nous est également impossible. J'ajouterai que plus encore, peut-être, pour les censaux que pour les employés des Consulats, la protection est indispensable. En effet, il serait difficile que les serviteurs des Légations et des Consulats pussent, sous les yeux de nos agents, souffrir de graves injustices; on serait là pour intervenir et pour les protéger; mais nos agents commerciaux dans l'intérieur, qui donc s'entremettra pour eux? Personne, et ils n'ont d'autre sauvegarde que le titre de protégé qui les couvre.

»Je ne veux pas insister sur l'état de choses qui règne dans l'intérieur du Maroc; mais en présence des actes arbitraires qui nous sont journellement signalés, autoriser l'arrestation d'un agent commercial sous l'accusation si facile à faire naître de tentative de meurtre, et même de tout acte punissable, comme on le propose, ce serait vouloir à chaque instant voir les intérêts de nos commerçants compromis. Il suffirait, en effet, pour écarter d'un marché l'un de nos acheteurs d'élever contre lui une accusation quelconque, quitte plus tard à la reconnaître non fondée; mais, en attendant, l'achat n'aurait pu s'effectuer et l'un de nos négociants aurait été gravement atteint dans ses intérêts.

»Enfin, Messieurs, en ce qui touche le paiement des contributions, nous sommes prêts à admettre que les censaux comme les autres protégés soient, en tant que propriétaires, soumis au paiement des taxes agricoles, avec des garanties à déterminer; mais en retour de notre consentement à ces impositions, nous demandons au Maroc la reconnaissance formelle du droit de propriété pour les étrangers. Il y a une corrélation directe entre ces deux idées, et si notre demande était repoussée, nous nous verrions obligés de nous en tenir aux termes de la Convention de 1863, en ce qui concerne l'exemption de toute taxe pour nos protégés.

»Deux mots encore, et je termine.

»Le Plénipotentiaire de la Grande Bretagne nous a dit que son Gouvernement désire maintenir l'indépendance du Sultan du Maroc. Je répondrai que nulle Puissance ne peut être plus intéressée que la France à l'indépendance de notre voisin le Sultan Muley-Hassan, et que personne ne peut désirer plus vivement que nous que l'ordre règne au Maroc; car le contre-coup de toute révolte se ferait très probablement sentir sur nos frontières; mais dans la louable intention de sauvegarder une indépendance que nous ne menaçons certainement pas, il ne faut pas nous demander de sacrifier le commerce de la France.

»Le Ministre des Affaires Étrangères du Sultan nous a parlé du droit qu'aurait son Souverain d'interdire l'exportation, et de fermer, pour ainsi dire, certains ports. Je ne vois pas vraiment ce que le Maroc gagnerait à agir ainsi, et j'observerai simplement à Sid Mohammed Vargas que pas plus en Afrique qu'en Asie il ne me paraîtrait possible aujourd'hui d'opposer longtemps des barrières au commerce européen.

»Et maintenant, Messieurs, je me résume en disant: nous ne pouvons laisser restreindre encore le nombre de nos censaux; nous ne pouvons admettre qu'on nous interdise d'en prendre dans l'intérieur; nous ne saurions enfin les laisser tomber sous la juridiction des Cadis.

»Ces bases posées, je dois déclarer qu'il me serait impossible de m'en écarter, et si un de nos collègues présentait d'autres propositions, je ne pourrais entrer en discussion sur des points de détail qu'autant que ces propositions ne seraient point en contradiction avec les vues de mon Gouvernement que je viens d'avoir l'honneur de vous exposer.»

Mr. le Plénipotentiaire du Maroc dit qu'il avait trouvé acceptables les propositions présentées dans la dernière séance par le Plénipotentiaire de la Grande Bretagne; elles sauvegardent, en effet, les intérêts légitimes du commerce tout en portant remède, selon son expression, à la maladie mortelle dont souffre le Maroc par suite de la protection accordée aux agents. Il se déclare prêt à souscrire tout arrangement qui, accordant les mêmes avantages aux négotiants indigènes qu'aux négociants étrangers, assure cependant la protection la plus complète au commerce étranger, auquel il désire donner toutes les garanties qui seront jugées nécessaires. Il proteste seulement contre la protection personnelle accordée aux courtiers indigènes, telle qu'on la comprend et pratique aujourd'hui, cette protection étant la cause des maux dont souffre son pays: ainsi qu'il l'a dit à Tanger et répété à la Conférence de Madrid, il y va pour le Maroc, dans cette question, de la vie ou de la mort.

Le Sultan pourrait, ainsi qu'il l'a indiqué, être amené par la force des choses à interdire l'exportation. Il serait avec ses sujets la première victime de cette mesure, par la diminution du produit des douanes et par la cessation du commerce. Néanmoins, de deux maux on choisit toujours le moindre lorsqu'on s'y voit forcé: la vie, même entourée de souffrances, est préférable à la mort. Il verrait encore un moyen de tout concilier, en interdisant la vente, ailleurs que dans les ports où résident les négociants étrangers, des articles dont le commerce exige l'intervention des censaux. Il termine en invitant la Conférence, au cas où elle n'approuverait pas ces moyens, à tendre au même but par d'autres propositions, sans pour cela accorder aux censaux la protection personnelle, telle qu'on la comprend aujourd'hui, puisqu'elle jette le désordre dans le pays et annulle l'autorité du Sultan, chose que ne peuvent souhaiter les Puissances ses amies.

Le Plénipotentiaire de la GRANDE BRETAGNE reconnait que la discussion de ses propositions est devenue impossible en présence des déclarations que vient de faire Mr. le Plénipotentiaire de France. Il retire donc les articles qu'il avait soumis à la Conférence, afin de laisser le champ libre à d'autres propositions.

Mr. le PRÉSIDENT demande si le Plénipotentiaire d'Autriche-Hongrie entend présenter le projet dont il a été question à la dernière séance.

Mr. le Comte LUDOLF répond affirmativement: il doit dire toutefois que ses articles, qui sont basés sur les Traités existants, y compris le Règlement de 1863, établissent pour les censaux une certaine protection, mais la réduisent aux limites strictement nécessaires.

Le PRÉSIDENT rappelle qu'il est acquis à la délibération que le Règlement de 1863 est toujours la base de la discussion. Toute proposition nouvelle présentée à la Conférence ne peut qu'en être une modification, qu'il est libre à chacun de proposer, mais que tous doivent être unanimes à accepter.

Le Plénipotentiaire d'AUTRICHE-HONGRIE donne lecture de ses propositions. *(Annexe* IX.)

Le PRÉSIDENT consulte les Plénipotentiaires sur la prise en considération de ces articles comme base de discussion.

Mr. le Plénipotentiaire de FRANCE reconnaît que les articles qui viennent d'être lus constituent une atténuation des dernières demandes. Ils portent atteinte, néanmoins, au trois points essentiels sur lesquels son Gouvernement a declaré ne pouvoir faire des concessions, et qui sont: le nombre des censaux, la limitation du choix de ces agents et la suppression pour les censaux de la juridiction consulaire.

Le PRÉSIDENT, constatant qu'il y a lieu sans doute à des différences d'appréciation sur certains points des propositions autrichiennes,—différences, les unes essentielles, les autres peut être accidentelles,—croit néanmoins que leur adoption comme base de discussion ne préjugerait aucunement leur acceptation en détail. Il demande à la Conférence de les prendre en considération, sauf à discuter, modifier ou rejeter chaque proposition separément, afin que l'on sache exactement sur quels points porte le désacord.

Le Plénipotentiaire d'Italie demande à présenter un contre-projet, réglant également la situation des censaux, et lit ses propositions. *(Annexe* X.)

Le Président propose à la Conférence de s'ajourner afin de donner temps à l'étude, devenu nécessaire, des projets autrichien et italien. La Conférence décidera ensuite lequel de ces projets elle préfère discuter en premier lieu.

Le Plénipotentiaire d'Italie dit qu'en tout cas les propositions du second projet pourraient être prises comme amendements aux articles du premier.

Le Plénipotentiaire de Portugal déclare être d'accord avec les observations du Président. Pour le moment l'ajournement est indispensable afin qu'on puisse se rendre compte, après mûr examen, des propositions présentées par les Plénipotentiaires d'Autriche-Hongrie et d'Italie. Il constate que dans la séance précédente on était d'accord que la discussion porterait sur l'ensemble des numéros 14 à 16 des propositions marocaines. Celles-ci ont été retirées; le Plénipotentiaire de la Grande Bretagne vient aussi de retirer les siennes. Il reste donc comme base de discussion les propositions autrichiennes présentées en premier lieu; ensuite les propositions italiennes qu'on peut considérer comme des amendements.

Mr. le Comte de Casal Ribeiro est d'avis qu'une discussion d'ensemble sur les propositions autrichiennes et italiennes, à l'instar de celle précédemment admise, serait utile avant d'entreprendre l'examen des numéros en détail. Chacun des Plénipotentiaires pourrait ainsi exprimer ses vues sur la matière, et l'on parviendrait peut-être plus facilement à l'accord unanime sans lequel le régime actuel ne saurait être amélioré.

La Conférence s'ajourne au mercredi 9 Juin.

La séance est levée à deux heures et demie

Signé: Comte Solms.
Comte Ludolf.
Ed. Anspach.
A. Cánovas del Castillo.
Lucius Fairchild.
Jaurès.
L. S. Sackville West.
Greppi.
Mohammed Vargas.
M. de Heldewier.
Comte de Casal Ribeiro.
H. Akerman.

PROTOCOLE N° 7.

SÉANCE DU 9 JUIN 1880.

Étaient présents: MM. les Plénipotentiaires d'Allemagne, Autriche-Hongrie, Belgique, Espagne, États-Unis d'Amérique, France, Grande Bretagne et Danemark, Italie, Maroc, Pays-Bas, Portugal, et Suède et Norvége.

La séance est ouverte à midi et demie.

Le procès-verbal de la séance antérieure est lu et approuvé.

Mr. le Plénipotentiaire d'AUTRICHE-HONGRIE demande la parole et s'exprime en ces termes:

«En me conformant aux vœux de la Conférence, je lui soumets de nouvelles propositions dans lesquelles, pour me rapprocher de celles de Mr. le Plénipotentiaire d'Italie, j'ai inséré plusieurs articles de sont projet. Mais il m'a été impossible de m'entendre avec lui sur deux points essentiels.

»Le premier est celui où Mr. le Comte Greppi dit, à l'article 1er, que «les agents ne pourront être arrêtés que dans le cas où ils seraient surpris en flagrant délit de *meurtre*». L'agent aurait donc la faculté de commettre tous les autres crimes jusques sous les yeux de l'Autorité et de s'en aller librement sans qu'on pût empêcher sa fuite, puisque personne ne pourrait l'arrêter, pas même pour le soustraire à la vindicte publique. A mon avis, une pareille immunité exorbitante ne saurait être exigée, pas même pour le négociant en personne et encore moins pour son agent indigène.

»Mr. le Plénipotentiaire d'Italie demande ensuite, à l'article 4, que les agents soient placés exclusivement sous la juridiction consulaire. Dans cette disposition, qui introduirait un véritable État dans l'État et porterait une atteinte sérieuse à l'indépendance du Maroc, j'ai dû reconnaitre aussi des incompatibilités et même des impossibilités, que peu de mots suffiront à relever.

«Au criminel, par exemple, et comme on veut aujourd'hui que tous les agents puissent être choisis dans l'intérieur, le Consul, qui exercerait la juridiction sur un agent accusé d'un crime, devrait donc citer ou interroger des témoins qui vivent peut-être à trente ou quarante lieues de sa résidence, ou procéder à des perquisitions domiciliaires chez des marocains pour constater un fait se rapportant au crime imputé à l'agent. Mais pourra-t-il exercer ces actes de juridiction chez et sur des marocains? Et si ceux-ci se refusent, comment fera-t-il respecter son autorité? Aura-t-il le droit de requérir à cet effet l'aide des Autorités locales? Mais, dans ce cas, sa juridiction s'étendra aussi sur elles et par conséquent sur tout le pays!

»Quant au civil, mêmes difficultés. Les agents des campagnes étant presque tous grands propriétaires de terres, la plupart, sinon la totalité des causes et litiges où le Consul aura à intervenir, se rapporteront à leurs biens-fonds. Tantôt il s'agira d'une dispute sur les limites ou la possession d'un champ, tantôt d'une vente de terre ou d'un partage d'héritage contestés. Le pays étant mahométan et les deux parties musulmanes (car il n'y a que les musulmans qui puissent posséder des biens-fonds), le Consul pourra-t-il juger ces causes, ou celles qui pourront naître du mariage ou divorce de l'agent, d'après la loi française ou anglaise? Certainement non, car elles ne sauraient se résoudre que d'après le Chrâ ou le Coran. Mais un Consul saura-t-il interpréter et appliquer le Coran? Et comment fera-t-il exécuter ses sentences si la partie adverse résiste? Encore et seulement avec l'aide de l'Autorité locale!

»Par toutes ces raisons et bien d'autres, j'ai cru devoir m'en tenir à ce que l'expérience de plusieurs siècles a enseigné en Turquie, comme le seul moyen propre à éviter de semblables incompatibilités, c'est-à-dire, de ne pas soustraire les agents indigènes à la juridiction des tribunaux locaux; mais de les protéger seulement en entourant l'action de ces tribunaux sur l'agent de toutes les garanties et précautions aptes à empêcher l'arbitraire, et à assurer à l'agent un jugement juste et équitable. A cet effet j'ai élargi mon nouveau projet dans quelques-unes de ses parties qui se réfèrent précisément à ces garanties à offrir aux agents inculpés, afin de rendre la protection dont ils jouiront aussi efficace que possible.»

Sur l'invitation de Mr. le Président, le Plénipotentiaire d'Autriche-Hongrie donne lecture de ses nouvelles propositions (*Annexe* XI), qu'il déclare substituer à son premier projet, tout en conservant l'exorde de celui-ci, et en laissant à la Conférence l'option de discuter le septième de ses articles avec sa rédaction primitive.

Mr. le Plénipotentiaire d'Italie demande à faire quelques corrections aux propositions qu'il a présentées à la dernière séance, en vue de les rapprocher de celles de Mr. le Plénipotentiaire d'Autriche-Hongrie. Le numéro 4 de ses propositions, amendé, sera rédigé ainsi:

«4. L'agent jouira de la juridiction consulaire comme les autres protégés, excepté toutefois, s'il est musulman, dans les causes civiles ayant trait à ses biens immeubles et aux affaires d'héritages. Ces causes seront jugées par les tribunaux marocains, selon les lois du pays, en présence du Consul dont relève l'agent, ou d'un délégué de ce Consul. Si l'agent appartient à la religion israélite, alors ces mêmes causes seront jugées par le rabbin, selon l'usage établi dans l'Empire du Maroc.»

Mr. le Plénipotentiaire d'Autriche-Hongrie objecte que l'amendement à l'article 4 du projet italien a pour résultat de scinder la juridiction pour les mêmes personnes. Ce régime lui semble constituer une anomalie judiciaire, et il croit qu'il serait, dans la pratique, difficile à apliquer.

Le Président consulte les Plénipotentiaires sur la priorité à accorder aux nouvelles propositions autrichiennes ou aux propositions amendées de l'Italie.

Le Plénipotentiaire d'Allemagne vote pour le projet autrichien, comme ayant été présenté le premier à la Conférence. Le résultat à atteindre sera d'ailleurs le même en tous cas, du moment où les propositions italiennes seront prises en considération comme amendements.

Les Plénipotentiaires de Belgique, d'Espagne, des États-Unis, de la Grande Bretagne, du Maroc, des Pays-Bas, du Portugal, et de Suède et Norvége sont du même avis.

Mr. le Plénipotentiaire de France eût préféré discuter sur la base des propositions italiennes comme offrant un terrain sur lequel l'accord eût été pour lui plus facile.

La priorité étant, par suite du vote, attribuée au projet autrichien, le Président déclare ouverte la discussion générale qui a été demandée sur les questions relatives aux censaux.

Mr. le Plénipotentiaire de France a déjà indiqué, dans la dernière séance, qu'il ne lui serait pas possible d'adhérer entièrement aux propositions autrichiennes. Sur certains points il espère que l'entente sera facile; mais il y en a d'autres sur lesquels il ne pourra assurément céder.

Mr. l'Amiral Jaurès accepte complètement l'article premier.

Sur l'article 2, il demande qu'on supprime les mots «*de préférence*» comme établissant une restriction vague qui pourrait donner lieu à des difficultés.

Il ajoute qu'il accepte que les censaux ne puissent être pris dans le district militaire de «Sharda» où tous les hommes naissent soldats et constituent pour ainsi dire la garde du Sultan; mais non dans les districts où la population est soumise comme réserve au service militaire, car ce serait interdire de choisir des censaux, non seulement dans la Gharbia, qui est un centre considérable de commerce, mais encore dans presque tout le Maroc.

Quant au numéro 3, il rappelle qu'il a déjà accepté en principe que les censaux paieraient certaines taxes; mais avec des garanties à déterminer et sous la condition que le droit de propriété serait formellement reconnu aux étrangers.

Le Plénipotentiaire de France ne présente pas d'observations sur le numéro 4; mais il ne peut en aucune façon accepter le numéro 5.

Pour le Gouvernement français, les censaux jouissent de la protection exactement au même titre que les autres protégés. Il ne peut admettre la distinction que l'on cherche à établir entre la position du censal pendant l'exercice et en dehors de ses fonctions; le censal doit être considéré comme étant en tout temps au service du négociant: s'il n'est pas constamment protégé, il sera toujours possible de lui susciter d'avance des difficultés dans le but de l'empêcher d'arriver sur un marché.

L'arrestation ne peut être permise qu'en cas de flagrant délit de meurtre. Le censal ne pourra se soustraire au jugement qui aurait à l'atteindre pour tout autre crime ou délit; car lorsque ce crime ou délit aura été signalé au Consul, celui-ci fera comparaître l'inculpé, et si après un certain délai il ne s'était pas présenté au Tribunal consulaire, il serait rayé des listes de protection, et retomberait sous la justice marocaine.

Les articles suivants n'étant que des corollaires de l'article 5, le Plénipotentiaire de France ne les examinera pas, et il se borne à accepter l'article 10.

En résumé: on a demandé au Gouvernement français de rechercher, au sein de la Conférence, des remèdes à certains abus. Il en désire sincèrement la suppression, bien qu'il y ait lieu de les croire exagérés: on n'a cité, en effet, qu'un fait de mauvaise foi dans une transaction commerciale; mais on n'a présenté aucun document, aucune statistique qui prouve que l'autorité du Sultan ait été ébranlée, ou l'ordre troublé au Maroc, par la protection qui s'étend aux censaux. La France ne peut admettre la suppression de cette protection qui équivaudrait à la suppression de son commerce. On ne pourra assurément lui reprocher de ne faire aucune concession; car elle a déjà supprimé les protections irrégulières et admis la limitation du nombre des protégés et des censaux. Elle est prête, sous la réserve du droit de propriété pour les étrangers, à consentir au paiement des taxes agricoles et de la taxe des portes. Elle ne se refuse pas à examiner ce qu'il convient de faire pour que le Sultan ne soit pas privé des forces qui lui sont nécessaires en cas de rébellion, ni à prendre des mesures pour assurer la loyauté des transactions sur les marchés; et elle pense prouver ainsi qu'elle n'est animée que de sentiments de justice à l'égard du Maroc.

Le Plénipotentiaire d'Italie appuie les observations du Plénipotentiaire de France.

Le Plénipotentiaire du Maroc croit qu'il pourra accepter la plupart des nouvelles propositions présentées par l'Autriche-Hongrie, mais demande à la Conférence de s'ajourner pour lui permettre d'en prendre une connaissance plus détaillée.

Il doit dire, cependant, que ses instructions lui défendent formellement d'accepter que les censaux puissent être pris dans les campagnes. Le Sultan est prêt à donner toutes les garanties que l'on voudra, s'ils sont choisis parmi les habitants des villes: ce qui ne lui est pas possible c'est de s'exposer, le jour où il aurait à lever des kabyles, à se trouver avec des censaux et non des soldats.

Les autres Plénipotentiaires se réservant pour la discussion des différents articles, la discussion générale est close.

Sur la prise en considération de l'article numéro 1, que le Plénipotentiaire du Maroc déclare accepter, cet article est adopté par la Conférence avec la rédaction suivante:

«1. *La protection des agents commerciaux indigènes ou censaux ne s'étendra que sur leurs femmes et enfants mineurs demeurant avec eux sous le même toit; elle s'exercera de la manière déterminée par les articles suivants. Leur nombre sera celui prévu par le Règlement de 1863, c'est-à-dire, il sera limité à deux par chaque maison de commerce et chaque comptoir.*»

L'article 2 devant être nécessairement réservé en présence de la déclaration faite par le Plénipotentiaire du Maroc, la Conférence s'ajourne, suivant le désir exprimé par Sid Mohammed Vargas, au vendredi 11 Juin.

Le séance est levée à deux heures et quart.

Signé: Comte Solms.
Comte Ludolf.
Ed. Anspach.
A. Cánovas del Castillo.
Lucius Fairchild.
Jaurès.
L. S. Sackville West.
Greppi.
Mohammed Vargas.
M. de Heldewier.
Comte de Casal Ribeiro.
H. Akerman.

PROTOCOLE N° 8.

SÉANCE DU 12 JUIN 1880.

Etaient présents: MM. les Plénipotentiaires d'Allemagne, Autriche-Hongrie, Belgique, Espagne, États-Unis d'Amérique, France, Grande Bretagne et Danemark, Italie, Maroc, Pays-Bas, Portugal, et Suède et Norvége.

La séance, remise d'un jour, est ouverte à midi et demie.

Le procès-verbal de la séance antérieure est lu et approuvé.

Sur la lecture de ce procès-verbal, Mr. le Plénipotentiaire de France observe que la rédaction de l'article premier des propositions autrichiennes, qui a été adopté par la Conférence, ne mentionne que la femme et les enfants mineurs des censaux. Il croit qu'il serait préférable d'adopter, toutes les fois qu'il sera question des familles des protégés, une même rédaction, c'est-à-dire, celle qui a été arrêtée lors de la discussion du numéro 7 des propositions marocaines de Tanger, et qui établit que la famille se compose de la femme, des enfants et des parents mineurs qui habitent sous le même toit.

Le Plénipotentiaire d'Autriche-Hongrie croit que la distinction établie entre les familles des censaux et celles des autres protégés découle naturellement du principe qu'il défend, que la protection n'a pas besoin d'être la même pour les deux catégories de protégés. Il observe qu'il y aurait lieu de réserver ce point particulier, et de le faire dépendre de la décision qui sera prise sur la question de principe.

Le Plénipotentiaire d'Italie désirerait également amender la rédaction de cet article en y rétablissant la mention des biens inmeubles des censaux protégés, contenue dans l'article correspondant des propositions italiennes.

Le Plénipotentiaire d'Autriche-Hongrie, défendant la rédaction adoptée dans la dernière séance, fait remarquer qu'une stipulation qui mettrait ces biens directement sous la protection d'un Gouvernement étranger aurait presque le caractère d'une prise de possession. La protection reconnue au censal s'étendra naturellement, par ses effets, à ses biens immeubles comme aux autres.

Le Président observant que l'article premier avait paru adopté par la Conférence, et que les amendements présentés semblent porter non seulement sur la rédaction, mais aussi sur le sens de l'article, propose, et la Conférence accepte, de réserver l'examen de ces amendements.

La parole est à Mr. le Plénipotentiaire du Maroc sur l'ensemble des différentes propositions ayant pour but de régler la situation des censaux.

Sid Mohammed Vargas remercie tout d'abord la Conférence d'avoir eu la bonté d'accéder à sa demande en ajournant à aujourd'hui sa réunion. Il a eu besoin de relire la traduction du dernier protocole et des protocoles antérieurs; car, ayant retiré ses demandes numéros 14, 15 et 16, et s'étant limité à exposer à la Conférence les maux de son pays, il a dû naturellement en attendre d'elle le remède; et des propositions ayant été présentées tendant à ce but, il a dû également les lire et refléchir à tout ce qui s'est passé dans les dernières séances, afin de pouvoir former et exprimer son opinion. Il va avoir l'honneur de soumettre à la Conférence les observations que lui a suggérées la lecture de ces protocoles.

Dans la séance du 6 Juin, lors de la mise en discussion des propositions britanniques, Mr. le Plénipotentiaire de France a voulu démontrer que le Maroc, au lieu d'atténuer ses demandes afin de faciliter l'accord, n'a fait que les accroître de jour en jour.

A l'appui de cette assertion, le Plénipotentiaire de France a dit que «dans ses premières demandes le Maroc réclamait simplement, sous les numéros 14, 15 et 16, le paiement des taxes par les censaux, et le droit d'arrêter ces agents en cas de flagrant délit de meurtre ou de violation de domicile». Or, Sid Mohammed Vargas constate que sous le numéro 14 il a demandé plus que cela: il a demandé que les censaux *ne fussent pas protegés.* Pour s'en convaincre, il suffit de lire les demandes présentées à Tanger sous les numéros 13, 14, 15 et 16.

Toujours dans le but de démontrer que le Maroc a constamment accru ses demandes, le Plénipotentiaire de France ajoutait que Sid Mohammed Vargas a demandé *à Madrid* l'interdiction de prendre des agents dans l'intérieur.— Sid Mohammed Vargas fera observer de même, qu'il avait déjà fait cette demande à Tanger, le 19 Juillet 1879. *(V. le procès-verbal de cette séance, annexe* II.)

Enfin, le Plénipotentiaire de France a dit: «Nous avons, par la Convention de 1863, *consenti* à réduire à deux par maison de commerce et par comptoir le nombre de nos agents commerciaux;» et immédiatement après il a ajouté: «J'ai déjà dit que par cette *concession* nous étions allés au delà de ce que nous permettaient les intérêts de notre commerce.» Voici, d'ailleurs, en quel termes Son Excellence avait déjà fait cette observation: «Aucun Traité n'avait limité, pour la France, le nombre de ses *protégés;* en le fixant en 1863 à deux censaux par comptoir, on a déjà peut être, été au delà, comme *concession*, de ce qu'exigent les intérêts des négociants français.» *(Protocole numéro* 5.) Or, Sid Mohammed Vargas ne peût que répéter ce qu'il a dit à Tanger le 19 Juillet 1879, à savoir, que «le Traité français de 1767 n'avait soustrait personne à la juridiction des Autorités locales; et que d'après ce Traité non seulement les indigènes au service des Représentants, mais même les sujets français résidant au Maroc étaient soumis à la juridiction locale».

Avant d'aborder la question qui est en discussion, Sid Mohammed Vargas observe encore qu'il est évident, et qu'il a été déjà reconnu, que l'objet des délibérations de la Conférence est la modification du régime actuel, en ce qui, étant exigé par les circonstances et dicté par l'expérience, serait en même temps compatible avec les intérêts généraux.

Or, qu'est-il arrivé? Le Gouvernement du Maroc a répété aux Puissances représentées à la Conférence que la protection accordée aux agents censaux, telle qu'on la comprend et pratique, est une cause principale des maux dont il demande le remède. Qu'on accorde la protection d'une manière énergique, absolue, aux marchandises et aux intérêts légitimes du commerce étranger, mais qu'on ne l'étende pas à la personne des indigènes servant d'agents ou censaux. Et si l'on veut quand même la leur accorder, que ces individus soient pris au moins parmi les habitants des ports et des villes de l'intérieur, mais jamais dans les campagnes, et cela pour les raisons que Sid Mohammed Vargas a exposées à Tanger dans la séance précitée du 19 Juillet 1879.

Le Plénipotentiaire du Maroc lit, à l'appui de ce qui précède, plusieurs extraits du procès-verbal de cette séance. *(Annexe II.)*

Les raisons qui ont été données à cette époque expliquent pourquoi le Gouvernement marocain désire que les censaux ne soient pris que dans les villes et les ports. Sid Mohammed Vargas tient à bien établir que cette prétention est fondée sur la qualité et la condition des censaux qui sont pris dans les campagnes. Un cas, cité par Mr. le Plénipotentiaire de France dans la séance du 6 Juin, et dont Sid Mohammed Vargas n'a eu jusqu'à présent aucune connaissance, sans qu'il prétende pour cela nier le fait, fera précisément comprendre ces raisons.

«Un censal français,—a dit Son Excellence,—riche agriculteur arabe, contribua *efficacement*, en se joignant, *avec tout son monde*, aux soldats du Sultan, à faire rentrer dans l'ordre les tribus turbulentes d'Alcazar.» Malheureusement la conduite exceptionnelle de cet individu n'est pas toujours imitée, tant s'on faut, par les censaux. A supposer qu'il n'y ait au Maroc que deux cents négociants étrangers ayant droit à des censaux (Sid Mohammed Vargas ne peut pas en préciser le nombre exact en ce moment), il faut compter quatre cents censaux, tous gens riches, influents, disposant des chevaux et des frères ou individus de leurs kabyles. Or, n'est-il pas naturel que le Sultan repugne à se voir enlever, par la protection étrangère, de telles personnes, qui, Sid Mohammed Vargas le répéte et l'affirme de nouveau, observent constamment une conduite toute opposée à celle du censal français qui vient d'être mentionné?

On a répondu à la demande du Gouvernement marocain par trois propositions. Une de la Grande Bretagne, qui a été retirée par son Plénipotentiaire en présence des déclarations faites par Mr. l'Amiral Jaurès. Sid Mohammed Vargas a déjà dit son opinion sur cette proposition.

La seconde est celle de l'Autriche-Hongrie, sur laquelle le Plénipotentiaire du Maroc se propose de revenir.

La troisième, enfin, est celle de Mr. le Comte Greppi.

Dans cette dernière Mr. le Plénipotentiaire d'Italie propose que les agents soient non seulement protégés à l'instar des protégés de la première catégorie, mais aussi «qu'ils ne puissent être arrêtés que dans un seul cas: celui de *surprise en flagrant délit de meurtre*».

Le Plénipotentiaire du Maroc demande quelles seraient les conséquences pour son pays, si cette proposition venait à être adoptée. Mr. le Plénipotentiaire d'Autriche-Hongrie les a dejà exposées, non seulement avec grande éloquence, mais surtout avec grande vérité. Sid Mohammed Vargas l'en remercie, ainsi que les Plénipotentiaires des autres Puissances qui lui ont montré leur assentiment. Il doit seulement ajouter que Mr. le Comte Ludolf lui-même n'a envisagé ces conséquences que sous le point de vue européen, comme s'il s'agissait d'agents européens et non d'arabes, de kabyles. Ces gens sont cause des maux que le Maroc endure, et se croient déjà tout-puissants et supérieurs, en leur qualité d'agents d'européens, aux Autorités de leur pays: de quoi ne seraient-ils pas cause et que ne se croiraient-ils pas, si au régime actuel, que cette proposition tend à aggraver encore, si au silence gardé jusqu'ici sur leurs prérogatives, on venait à ajouter, pour l'avenir, par une stipulation écrite et solennelle l'interdiction aux Autorités de les arrêter, sauf dans le seul cas, non de meurtre, mais de *surprise en flagrant délit de meurtre!* C'est là une immunité que le Maroc ne reconnaît qu'à S. M. le Sultan et aux Représentants des Puissances qui lui font l'honneur d'entretenir des relations diplomatiques et commerciales avec son Empire.

Pour répondre, enfin, à certains doutes que Mr. le Plénipotentiaire de France a exprimés dans la dernière séance, Sid Mohammed Vargas déclare que les abus dénoncés par le Maroc ne sont nullement exagérés: on est loin, au contraire, d'avoir tout dit. Quant à n'avoir cité qu'un seul fait de mauvaise foi dans une transaction commerciale par un agent ou censal, Sid Mohammed Vargas avait cru que cet exemple suffirait pour donner une idée des procédés de ces individus; mais, si on veut des preuves écrites et des exemples, il s'empressera de demander les déclarations des victimes: elles ne sont que trop nombreuses.

Revenant ensuite à la proposition de l'Autriche-Hongrie, actuellement soumise à la délibération de la Conférence, Sid Mohammed dit qu'il adhère au premier paragraphe de l'article 2, quant à l'esprit de son contenu. L'exception faite pour les habitants des districts militaires et des lieux où la population est soumise comme réserve au service militaire, mérite, en effet, son entière approbation.

Tel étant l'esprit de la proposition de Mr. le Comte Ludolf, parfaitement d'accord sur ce point, — Sid Mohammed Vargas est heureux de la reconnaître, — avec l'esprit du dernier paragraphe de l'article premier des propositions italiennes, le paragraphe dont il s'agit devrait néanmoins être modifié dans la rédaction, afin de faire disparaître une contradiction dont les Plénipotentiaires se rendront compte dès qu'ils sauront que le mot «*campagne*» est synonyme, en parlant du Maroc, de «*district militaire*» et de «*population soumise, comme réserve, au service militaire*».

Le Plénipotentiaire du Maroc propose la redaction suivante, complètement conforme à l'esprit des propositions présentées: «Les agents ou censaux seront choisis dans les villes de la côte et de l'intérieur, et non parmi les habitants des campagnes, où la population est soumise, comme réserve, au service militaire.»

Quant au dernier paragraphe de l'article, s'il n'est pas réservé, Sid Mohammed Vargas l'accepte pour ce qui concerne ceux des habitants des ports et des villes de l'intérieur que le sort appellerait au service des armes dans l'armée régulière.

Mais si ce paragraphe devait s'appliquer aux habitants des campagnes, le Plénipotentiaire du Maroc aurait le devoir de faire remarquer qu'il modifie essentiellement et contredit même l'exception établie par le paragraphe précédent.

Il observe, en même temps, que la substitution dont il s'agit ne serait pas possible dans les cas que l'on envisage, parce qu'il ne s'agirait pas, comme en Europe en pareil cas, d'un homme quelconque à remplacer par un autre, mais d'une personne influente dans le pays, qui par son exemple entraînerait ses domestiques, ses chevaux et un grand nombre de ses frères ou individus de la même kabyle.

Telles sont les considérations que le Plénipotentiaire du Maroc déclare laisser avec une confiance entière à l'impartiale appréciation de la Conférence.

Mr. le Président demande si MM. les Plénipotentiaires ont des observations à présenter.

Le Plénipotentiaire de France ne répondra pas immédiatement à l'exposé que vient de lire le Représentant du Maroc, mais il doit relever de prime abord une inexactitude. L'interdiction de prendre des censaux dans l'intérieur du pays ne figure pas dans les dix-neuf demandes que le Ministre des Affaires Étrangères du Sultan a présentées à Tanger. Sid Mohammed Vargas n'a fait qu'accepter dans la réunion extraordinaire qui a été tenue chez lui le 19 Juillet 1879 cette interdiction, proposée à la Conférence par Sir John Drummond Hay. C'est ce qu'a voulu faire ressortir Mr. le Plenipotentiaire de France, en disant que les demandes primitives du Maroc avaient été aggravées par cette disposition, que Sid Mohammed Vargas n'avait pas présentée, qu'il avait simplement admise à Tanger et qu'il a fait sienne à Madrid.

Mr. le Président, donnant acte au Plénipotentiaire de France de cette rectification, constate qu'il semble résulter des déclarations du Plénipotentiaire du Maroc, qui a accepté le numéro 1 du projet autrichien et qui vient de présenter un amendement au numéro 2, que le Maroc est prêt à discuter sur le terrain des propositions autrichiennes.

Le Plénipotentiaire du Maroc accepte, en effet, cette discussion. Il lit de nouveau la rédaction qu'il propose pour l'article 2.

Le Président observe que cette rédaction constitue une véritable contre-proposition au nouveau projet autrichien, qui a été rédigé, sur ce point, en conformité avec les propositions italiennes.

Mr. le Plénipotentiaire d'Autriche-Hongrie dit que la forme que le Plénipotentiaire du Maroc propose de donner à l'article 2 en altère essentiellement le sens. Dans la pensée du Comte Ludolf, sa proposition constituait un terme de conciliation. S'il est vrai qu'il impose au Maroc un sacrifice très réel, il est impossible, d'autre part, de méconnaître la valeur des arguments par lesquels on justifie le choix des censaux parmi les habitants de la campagne. Il croit que le Maroc pourrait reconnaître explicitement le droit en question, en vue de concessions qui lui seraient faites sur d'autres points.

Mr. le Plénipotentiaire du Maroc rappelle l'observation qu'il a faite, que la rédaction du projet autrichien implique une contradiction. En parlant du Maroc *«les campagnes»* se confondent avec *«les districts militaires et ceux où la population est soumise, comme réserve, au service militaire»*. L'exception faite comprend, par conséquent, tout ce que demande le Maroc.

Mr. le Président observe que les propositions autrichiennes et italiennes paraissant supposer l'existence au Maroc de districts de la campagne où la population ne serait pas soumise au service militaire, il devient nécessaire d'adopter une rédaction différente qui soit conforme à l'état réel des choses.

Mr. le Plénipotentiaire d'Autriche-Hongrie répond qu'il avait prévu que l'exception, copiée sur la proposition italienne, pourrait faire des difficultés, en vue desquelles il avait expressément réservé, dans la parenthèse, l'article correspondant de son premier projet. Il propose de supprimer le membre de phrase qui établit l'exception.

Mr. le Plénipotentiaire de France accepte la rédaction ainsi amendée par Mr. le Comte Ludolf. Le principe qu'on peut prendre des censaux dans l'intérieur une fois admis, on pourra examiner quelles dispositions il conviendrait d'adopter pour assurer en tout temps à S. M. Shériffienne les contingents dont Elle aurait besoin pour maintenir l'ordre et son autorité souveraine au Maroc.

Le Président demande à Mr. le Plénipotentiaire du Maroc s'il est disposé à accepter l'article 2 du projet autrichien, rédigé comme il vient d'être dit.

Sid Mohammed Vargas répond négativement. Il ne peut pas accepter que la protection s'étende à des censaux choisis dans les campagnes.

Le Président constate que le Maroc, qui refusait naguère et absolument la protection aux censaux, semble maintenant l'accepter: par le fait, cette protection serait même complète pour les censaux pris parmi les habitants des villes ou des ports. Le refus de son Représentant paraît seulement absolu en ce qui concerne le choix de ces agents dans les campagnes.

Le Plénipotentiaire de Belgique remarque que ce refus, opposé aux déclarations des Plénipotentiaires français et italien, est une barrière à tout arrangement.

Le Plénipotentiaire du Maroc prend alors la parole, et rappelle que Mr. le Plénipotentiaire de France a dit, le 1er Juin, qu'il n'entendait discuter que sur la base du fait existant, c'est-à-dire, la situation établie par le Règlement de 1863, qui ne mentionne que des censaux protégés. Puis, dans la séance du 6 de ce mois, qui avait été ajournée pour que l'Amiral Jaurès pût consulter son Gouvernement, Son Excellence a déclaré que son Gouvernement repousse d'avance toute demande de concessions sur ces trois points: le nombre des censaux, *la limitation du choix de ces agents*, et la suppresion pour les censaux de la juridiction consulaire.

En vue de ces déclarations catégoriques et solennelles, Sid Mohammed Vargas a le regret de conclure que tous ses efforts, joints à ceux des autres Plénipotentiaires, n'aboutiront à rien qui puisse porter remède aux maux de la situation que crée le Règlement de 1863; une exception admise en faveur de la France serait naturellement et très-justement réclamée par les autres Puissances.

Dans ces conditions, et n'ayant pu, par conséquent, parvenir en ce moment au but qu'il s'était proposé: ne pouvant, d'autre part, renoncer à l'atteindre, parce que la protection dont jouissent les agents indigenès des campagnes porte préjudice à la liberté des transactions commerciales dans l'intérieur du Maroc, entrave l'action des Autorités, et entraîne des désordres dans les marchés publics, Sid Mohammed Vargas déclare réserver à son Souverain le droit d'obtenir le résultat nécessaire par la voie diplomatique.

Cette déclaration faite, il se borne à prier les Plénipotentiaires de vouloir bien établir que les prescriptions du Règlement de 1863 seront, en attendant, ponctuellement et scrupuleusement observées, en tout et pour tout; car il y a eu des abus, il y en a encore beaucoup, et il faut qu'ils disparaîssent tous.

Sid Mohammed Vargas termine en priant également la Conférence de bien vouloir poursuivre la discussion sur ses autres demandes, à partir de la 17e.

Le Président, en vue de la gravité de la déclaration qui vient d'être faite par le Représentant du Maroc, et qui marque une phase entièrement nouvelle aux délibérations des Plénipotentiaires, propose à la Conférence de s'ajourner.

Le Plénipotentiaire de France fait observer qu'il ne s'agit pas seulement de ses déclarations; mais que c'est l'article 2 des propositions de l'Autriche-Hongrie que vient de repousser le Maroc. Il tient à constater que les Plénipotentiaires d'Autriche-Hongrie et d'Italie demandent comme lui le maintien du droit de prendre des censaux dans l'intérieur.

Le Président observe que d'autres Plénipotentiaires n'ont pas encore fait connaître leur appréciation sur ces propositions.

La Conférence s'ajourne à la convocation ultérieure de la Présidence.

La séance est levée à deux heures et quart.

Signe: Comte Solms.
Comte Ludolf.
Ed. Anspach.
A. Cánovas del Castillo.
Lucius Fairchild.
Jaurès.
L. S. Sackville West.
Greppi.
Mohammed Vargas.
M. de Heldewier.
Comte de Casal Ribeiro.
H. Akerman.

PROTOCOLE N° 9.

SÉANCE DU 19 JUIN 1880.

Étaient présents: MM. les Plénipotentiaires d'Allemagne, Autriche-Hongrie, Belgique, Espagne, États-Unis d'Amérique, France, Grande Bretagne et Danemark, Italie, Maroc, Pays-Bas, Portugal, et Suède et Norvége.

La séance est ouverte à midi et demie.

Le procès-verbal de la dernière séance est lu et approuvé.

Le PRÉSIDENT rappelle qu'en proposant l'ajournement de la Conférence, lors de la séance du 12 Juin, son but a été de laisser aux Plénipotentiaires le temps nécessaire à un échange d'idées au sujet des importantes déclarations faites par le Représentant du Maroc; il demande à Sid Mohammed Vargas s'il entend les maintenir.

Le Plénipotentiaire du Maroc déclare maintenir en effet, dans leur intégrité, les déclarations qu'il a faites précédemment. Il propose de substituer aux numéros 14, 15 et 16 des demandes qu'il a présentées à Tanger l'article suivant: «*Il n'est rien changé à la situation des censaux telle qu'elle a été établie par les Traités et par la Convention de 1863, sauf ce qui sera stipulé, relativement aux impôts, dans les articles suivants.*» Il demandera à la Conférence de continuer ensuite l'examen des autres propositions soumises par lui aux Représentants à Tanger.

En vue de cette déclaration du Plénipotentiaire du Maroc, le Plénipotentiaire d'AUTRICHE-HONGRIE retire ses propositions, dont l'article premier, déjà adopté par la Conférence, se trouve par suite annulé.

Le Plénipotentiaire d'ITALIE retire également les propositions qu'il a présentées.

La Conférence adopte, sous le numéro 14, l'article proposé par Sid Mohammed Vargas.

Le Plénipotentiaire du Maroc prie la Conférence de vouloir bien adhèrer aussi à l'autre demande qu'il a faite dans la dernière séance, tendant à ce qu'il soit établi que tous les abus existants, contraires au texte des Traités et Règlements, prendront fin. Il suffira que l'acceptation de cette demande par les Plénipotentiaires soit constatée par le procès-verbal de la séance.

Le Plénipotentiaire de France fait observer que la Conférence pourrait difficilement faire une déclaration de cette nature et qu'il appartient au Gouvernement marocain de dénoncer, par la voie diplomatique, aux Représentants étrangers à Tanger, les abus existants ou qui viendraient à se produire.

La Conférence, ratifiant l'observation de Mr. le Plénipotentiaire de France, passe à la discussion du numéro 17 des propositions marocaines, qui a trait au paiement des impôts par les protégés.

Mr. l'Amiral Jaurès rappelle que le Gouvernement français s'est déclaré prêt à consentir, en principe, au paiement par les censaux et autres protégés de la taxe agricole; mais qu'il a demandé en retour que le droit de propriété pour les étrangers au Maroc soit reconnu, et que l'exercice de ce droit devienne l'objet d'un Règlement spécial, entre le Gouvernement marocain et les Représentants des Puissances à Tanger.

Il propose en conséquence de remplacer le numéro 17, qui se trouve en discussion, par deux articles, qui prendront les numéros 15 et 16.

Le premier, relatif au droit de propriété, serait ainsi conçu:

«Le droit de propriété des étrangers au Maroc est reconnu. L'exercice de ce droit et la procédure à suivre en cas de contestacion seront l'objet d'un Règlement spécial qui sera établi d'un commun accord par les Représentants des Puissances et le Ministre des Affaires Étrangères de S. M. Shériffienne à Tanger.»

Le Plénipotentiaire du Maroc est prêt à accepter la première partie de l'article, qui ne fait que constater un droit déjà reconnu par les Traités; mais, pour ce qui concerne la seconde, il doit faire observer que l'exercice de ce droit n'a jamais donné lieu à des difficultés ni à des abus, et que les questions de procédure relatives aux immeubles ont toujours été régies par la loi du pays, le Chrà, qui est tiré du Koran. Si le Règlement demandé devait n'être que la reproduction de cette loi, il serait superflu; d'autre part, s'il devait s'en écarter, le Gouvernement marocain serait dans l'impossibilité absolue de l'accepter.

Répondant à une demande du Président, Sid Mohammed Vargas ajoute que le droit de propriété, inscrit déjà dans les Traités anglais et espagnol, est reconnu par le Maroc à tous les étrangers; mais les biens immeubles sont et devront être soumis aux lois nationales; il ne peut pas accepter qu'il soit fait de «règlement spécial» à leur égard.

Le Plénipotentiaire de France propose de modifier ainsi que suit la rédaction de son article:

«Le droit de propriété des étrangers au Maroc est reconnu. L'exercice de ce droit sera l'objet d'une entente entre le Ministre des Affaires Étrangères à Tanger et les Représentants des Puissances.»

Le Plénipotentiaire du Portugal pense qu'il serait préférable de définir dès à présent cette entente.

Le Président propose de préciser sa portée, en reproduisant exactement la rédaction qui a été consentie dans la Conférence de Tanger.

Tous les Plénipotentiaires se ralliant à cette proposition, le Plénipotentiaire de France n'insiste plus, et l'article 15, définitivement rédigé ainsi que suit, est adopté par la Conférence:

«Le droit de propriété au Maroc est reconnu pour tous les étrangers.

»Les Plénipotentiaires admettent que l'achat de propriétés doit être effectué avec le consentement préalable du Gouvernement, et que les titres de ces propriétés soient faits dans les formes prescrites par les lois du pays, et que toute question qui pourrait surgir sur ces droits soit décidée d'après les lois du pays avec l'appel stipulé dans les Traités, c'est-à-dire, au Ministre des Affaires Étrangères.»

Sur la prise en considération du numéro 16, qui stipule le paiement par les censaux et autres protégés de la taxe agricole, tout en réservant à l'examen spécial des Représentants étrangers à Tanger la quotité et la nature de cet impôt, une discussion s'engage sur l'opportunité qu'il y aurait à établir, d'ores et déjà, que cette taxe sera basée sur le principe de l'égalité, devant l'impôt, des étrangers et des indigènes, protégés ou non protégés.

Les Plénipotentiaires d'Autriche-Hongrie, de Belgique, d'Espagne, des États-Unis, de la Grande Bretagne, des Pays-Bas, de Portugal et de Suède et Norvége, pensent que la Conférence pourrait établir dès à présent ce principe d'égalité, en laissant au Représentants des Puissances à Tanger le soin de régler les détails d'application. Mr. le Général Fairchild demande en outre que le paiement de cet impôt soit effectué par les étrangers ou protégés sous la surveillance des Représentants diplomatiques et Consulaires dont ils relèvent.

Les Plénipotentiaires d'Allemagne, de France et d'Italie, sans repousser ce principe, estiment que son application doit être plus naturellement réservée à la sanction des Représentants à Tanger.

Le Plenipotentiaire du Maroc déclare que l'impôt agricole est invariable, le Chrâ, loi imprescriptible du pays, en déterminant, de droit, la quotité.

Le Plénipotentiaire de Portugal fait observer que le terme «impôt agricole» comprend les deux impôts, sur les récoltes et sur les troupeaux.

La Conférence l'entend ainsi.

Le numéro 16, rédigé, comme le précédent, en conformité avec les observations faites par les Représentants au sein de la Conférence de Tanger, est amendé, d'un commun accord, en ce qui concerne la pénalité attachée à une fausse déclaration, et la Conférence l'adopte en ces termes:

«Les étrangers et les protégés propriétaires ou locataires de terrains cultivés, ainsi que les censaux adonnés à l'agriculture, paieront l'impôt agricole. Ils remettront chaque année à leur Consul la note exacte de ce qu'ils possèdent, en acquittant entre ses mains le montant de l'impôt.

»Celui qui fera une fausse déclaration paiera, à titre d'amende, le double de l'impôt qu'il aurait dû régulièrement verser pour les biens non déclarés. En cas de récidive cette amende sera doublée.

»La nature, le mode, la date et la quotité de cet impôt seront l'objet d'un Règlement spécial entre les Représentants des Puissances et le Ministre des Affaires Étrangères de S. M. Shériffienne.»

La Conférence adopte à la suite, sous le numéro 17, l'article suivant, que les Représentants réunis à Tanger se sont déclarés prêts à accepter:

«Les étrangers, les protégés et les censaux propriétaires de bêtes de somme paieront la taxe dite des portes. La quotité et le mode de perception de cette taxe, commune aux étrangers et aux indigènes, seront également l'objet d'un Règlement spécial entre les Représentants des Puissances et le Ministre des Affaires Étrangères de S. M. Shériffienne.

»La dite taxe ne pourra être augmentée sans un nouvel accord avec les Représentants des Puissances.»

La Conférence accueillant ensuite la demande contenue dans le numéro 18 des propositions marocaines, adopte, sous le même numéro, l'article suivant:

«La médiation des interprètes, secrétaires indigènes ou soldats des différentes Légations ou Consulats, lorsqu'il s'agira de personnes non placées sous la protection de la Légation ou du Consulat, ne sera admise qu'autant qu'ils seront porteurs d'un document signé par le Chef de Mission ou par l'Autorité consulaire.»

Mr. le Plénipotentiaire des États-Unis demande à présenter à la Conférence des propositions réglant la situation des protégés qui cesseraient de l'être par suite de la révision des listes de protection.

La Conférence prend acte de ces propositions, qui sont réservées à délibération ultérieure, et s'ajourne au lundi 21 Juin.

La séance est levée à trois heures et demie.

Signé: Comte Solms.
Comte Ludolf.
Ed. Anspach.
A. Cánovas del Castillo.
Lucius Fairchild.
Jaurès.
L. S. Sackville West.
Grefpi.
Mohammed Vargas.
M. de Heldewier.
Comte de Casal Ribeiro.
H. Akerman.

PROTOCOLE N° 10.

SÉANCE DU 21 JUIN 1880.

Étaient présents: MM. les Plénipotentiaires d'Allemagne, Autriche-Hongrie, Belgique, Espagne, États-Unis d'Amérique, France, Grande Bretagne et Danemark, Italie, Maroc, Pays-Bas, Portugal, et Suède et Norvége.

Le séance est ouverte à midi et demie.

Le procés-verbal de la séance antérieure est lu et approuvé.

Lecture est donnée du numéro 19 des propositions du Gouvernement marocain, qui appelle l'attention des Puissances sur l'abus qui résulte du retour et de la résidence au Maroc des sujets autrefois marocains naturalisés à l'étranger.

Le PRÉSIDENT invite les Plénipotentiaires à faire connaître leur avis sur les points soulevés par la proposition marocaine.

Le Plénipotentiaire d'ALLEMAGNE constate que son Gouvernement n'est pas directement intéréssé dans cette question, l'Allemagne n'accordant la naturalisation que lorsqu'elle est demandée avec le consentement formel du Gouvernement du candidat. D'ailleurs le Gouvernement allemand a déclaré que le marocain naturalisé qui retournerait se fixer au Maroc perdrait la protection allemande.

Le Plénipotentiaire d'AUTRICHE-HONGRIE observe qu'en Hongrie également on n'accorde des lettres de naturalisation que sur la présentation d'un certificat constatant que le candidat a été autorisé par son Gouvernement à changer de nationalité. Dans le reste de la Monarchie on fait dépendre cette concession de la réciprocité ou des conventions spéciales qui existent avec quelques États.

Le Plénipotentiaire de BELGIQUE dit que la loi belge demande, comme première condition pour être naturalisé, une résidence de cinq ans au moins en Belgique. Les naturalisations sont votées par les Chambres et approuvées par le Souverain. Dans ces conditions, le cas d'un marocain naturalisé en Belgique serait absolument exceptionnel. Néanmoins, comme le retour dans le pays d'origine du sujet naturalisé n'a pas été prévu par la loi belge, Mr. Anspach ne se croirait pas, quant à présent, autorisé à prendre part à une discussion dont le résultat pourrait modifier les effets de dispositions législatives en vigueur dans son pays. Il ne serait, en aucun cas, disposé à admettre que les effets de la naturalisation puissent cesser par le seul fait du retour dans la patrie d'origine; il faudrait que ce retour fût accompli dans un but avéré de résidence permanente, et que toute concession qui pourrait être faite à la demande du Gouvernement marocain fût entourée, en outre, des garanties les plus formelles.

Le Plénipotentiaire des États-Unis dit que son Gouvernement n'admet aucune distinction entre sujets americains, qu'ils le soient par le fait de la naissance ou par naturalisation, qu'ils se trouvent dans leur propre pays ou dans des pays étrangers; il ne saurait, par conséquent, reconnaître au Gouvernement du Maroc le droit de ne point tenir compte de documents qui attesteraient qu'un de ses anciens sujets serait devenu citoyen américain par droit de naturalisation, pas plus qu'il ne peut admettre la prétention du Maroc de méconnaitre les effets des passeports légalement délivrés à des citoyens, nés ou naturalisés, des États-Unis.

Le Général Fairchild estime cependant qu'il n'est pas juste qu'un marocain, devenu citoyen naturalisé des États-Unis ou de tout autre pays, retourne au Maroc avec l'intention de s'y fixer et puisse continuer néanmoins à réclamer sa qualité de naturalisé. Il admet donc qu'un pareil retour, accompli avec intention de séjour permanent, devra faire perdre la qualité acquise de citoyen étranger, et replacer le marocain dans les mêmes conditions où il se trouvait avant d'avoir quitté son pays. Le Plénipotentiaire des États-Unis pense qu'il serait juste de considérer tout individu, qui, revenu au Maroc, y résiderait sans esprit de retour dans son pays d'adoption un nombre d'années déterminé, dont les Gouvernements fixeraient le minimum, comme ayant perdu sa nouvelle nationalité et repris l'ancienne.

Le Gouvernement des États-Unis a le droit et le devoir de protéger complètement et par tous moyens légitimes, ses sujets naturalisés, partout où ils se trouvent. Mais le Général Fairchild ne croit pas que l'on doive admettre que la naturalisation étrangère puisse être recherchée par les sujets d'un pays quelconque dans le but unique de continuer à résider dans leur patrie en éludant ses lois; il déclare qu'il se joindra volontiers aux autres Plénipotentiaires pour recommander aux Gouvernements représentés au sein de la Conférence toutes les mesures qui pourront protéger le Maroc contre une telle injustice, une telle fraude. Il ne doute point que le Gouvernement des États-Unis ne soit disposé à entrer en négociations avec le Maroc pour régler ce point.

Le Plénipotentiaire de France expose que la naturalisation étant accordée par des lois,—lois qui d'ailleurs ne sont pas les mêmes pour toutes les Puissances,—il lui paraît difficile que la Conférence puisse prendre une décision sur la question des naturalisés.

En ce qui concerne la France, sa législation intérieure n'a pas prévu le cas où des naturalisés français viendraient se fixer, après leur naturalisation, dans leur pays de naissance; mais l'Amiral Jaurès pense que par voie de mesure individuelle il serait peut-être admissible, le cas échéant, de ne plus accorder d'appui aux marocains qui, après avoir séjourné sur le territoire français durant trois ans, dans le seul but d'y acquérir la naturalisation française, retourneraient ensuite sur le territoire du Maroc avec la pensée de s'y établir, sans esprit de retour.

C'est donc, à son avis, par la voie diplomatique qu'il pourrait être remédié à l'état de choses dont se plaint le Maroc.

Le Plénipotentiaire de la Grande-Bretagne estime que les plaintes du Maroc sont très fondées, et que les marocains qui retournent dans leur pays doivent être soumis à ses lois. Ce n'est même point d'une demande du Gouvernement marocain qu'il est question; mais d'une loi du Sultan, d'un droit de souveraineté.

Le Plénipotentiaire d'Italie se rallie à l'avis exprimé par le Plénipotentiaire de France.

Le Plénipotentiaire des Pays-Bas dit que la législation hollandaise exige un séjour de six ans et un vote des deux chambres comme condition de la naturalisation d'un étranger; elle n'a pas prévu le cas du retour au pays d'origine.

Mr. de Heldewier partage entièrement, d'ailleurs, l'avis de Mr. le Plénipotentiaire de Belgique, et, comme lui, ne se croirait pas en mesure de prendre part à la discussion d'une question de cette nature.

Le Plénipotentiaire de Portugal rappelle, en commençant, que le Représentant de Portugal à la Conférence de Tanger a eu, sur ces questions, une attitude très accentuée, dictée d'ailleurs par les instructions de son Gouvernement.

Mr. le Comte de Casal Ribeiro partage, sur la question de fond, la manière de voir du Plénipotentiaire des États-Unis; il pense d'autre part que l'importance de cette matière et la forme sous laquelle la Conférence en est saisie, font qu'elle ne puisse être que l'objet d'un accord général. Le Plénipotentiaire de Portugal se trouve suffisamment autorisé pour discuter et établir dès à présent, en ce qui concerne le Portugal, les bases de cet accord.

Il rappelle que la loi portugaise n'exige pas, comme celles de certains autres pays, la présentation de documents ou certificats de libération comme une des conditions pour être naturalisé. La naturalisation, d'autre part, n'est point accordée comme un droit à toute demande: elle dépend d'une faculté gouvernementale. Le Gouvernement portugais peut donc s'engager à ne l'accorder qu'avec certaines réserves ou dans certains cas.

Un point capital, sur lequel sera forcé d'insister d'une façon absolue le Plénipotentiaire de Portugal, est celui de la non-rétroactivité qu'il doit stipuler pour toute disposition qui viendrait à être adoptée par la Conférence.

Mr. le Comte de Casal Ribeiro fait brièvement l'historibue de cette question, soulevée pour la première fois par le Gouvernement marocain à Tanger en 1877, et rappelée par la lettre de Sid Mohammed Vargas du 18 Février 1879. Il rappelle que le Représentant de Portugal a dû s'élever, à cette époque, contre l'intention, annoncée par le Gouvernement marocain, de ne pas reconnaître les effets de la naturalisation; et qu'il a eu plus tard à protester contre cette même prétention, formulée de nouveau, dans une note du mois de Février 1880, au moment où cette question allait être prochainement soumise à l'examen d'une Conférence internationale.

Le Comte de Casal Ribeiro conteste, en passant, le bien fondé des plaintes du Gouvernement marocain, au sujet de l'abus qui serait fait de «passeports de naturalisation». La possession d'un passeport ne suffit pas pour attester une nationalité; le Gouvernement portugais, qui ne défend que ses lettres de naturalisation, n'a, par conséquent, aucune concession à faire au Maroc sur ce point.

La question du paiement des impôts, sur laquelle insistait naguère le Maroc, se trouve désormais résolue par la récente décision de la Conférence; il est peu douteux, en effet, que les étrangers ne soient mis, sous ce rapport, sur le pied de l'égalité avec les sujets du Sultan.

Reste l'argument tiré de la juridiction spéciale dont jouissent les étrangers au Maroc, argument qui ne serait généralement pas de mise en Europe, où la juridiction spéciale, en pareil cas, ne serait pas reconnue. Le Gouvernement portugais est prêt à accepter sur ce point toute solution équitable: il n'a pu seulement admettre que la question fut tranchée uniquement par une décision du Gouvernement marocain.

Le Comte de Casal Ribeiro rappelle a ce propos que le nombre des marocains naturalisés en Portugal est peu considérable et ne dépasse guère une vingtaine.

Le Plénipotentiaire de Portugal passe ensuite à la discussion d'un précédent qui a été allégué à Tanger comme une raison d'admettre la demande du Maroc.

La Turquie a bien déclaré, en effet, par l'article 5 de la loi du 19 Janvier 1869, que la naturalisation étrangère, acquise sans autorisation préalable du Gouvernement impérial, serait considérée comme nulle et non avenue: elle a pu aussi, ainsi que l'a rappelé Mr. le Ministre d'Allemagne à la Conférence de Tanger dans la séance du 5 Avril 1879, dire que tout sujet ottoman naturalisé étranger perdrait cette qualité en revenant en Turquie; et il est vrai que les Puissances ont accepté ces déclarations. Mais il importe de signaler les difficultés qu'a présentées cette acceptation de la part des Gouvernements étrangers.

La Russie n'a pas adhéré tout d'abord: elle a même demandé un instant qu'une Conférence se tînt sur cette question. L'Angleterre, de son coté, donnait à ses Représentants des instructions qui paraissaient prévoir des conflits. Le Gouvernement français, enfin, n'a accepté la loi qu'après avis du Comité de Contentieux, qui a notamment constaté qu'aucune expression employée dans sa rédaction ne pouvait attribuer à ses dispositions un effet rétroactif. Le Gouvernement turc lui-même a dû reconnaître, dans des Mémoires adressés à des

Gouvernements étrangers, que la loi du 19 Janvier avait été l'objet des critiques les plus sévères, qui n'étaient tombées que devant la déclaration officielle par la Sublime Porte de l'esprit dans lequel serait appliquée chacune de ses dispositions: il avait solennellement déclaré, dans la Circulaire du 26 Mars 1869, que la loi ne pourrait modifier en aucune manière les qualités et les droits antérieurement acquis.

Le Plénipotentiaire de Portugal, observant que les questions qui touchent à la nationalité ont toujours été comptées parmi les plus ardues du droit international privé, constate que la tendance générale des législations modernes parait être dans le sens d'une plus grande liberté, qui admet le choix de la nationalité par l'individu, dans des conditions et sous des réserves déterminées. Il est regrettable que l'on soit obligé, dans le cas du Maroc, de rétrograder dans cette voie; mais il est impossible de méconnaître les conditions spéciales que l'on invoque, et la valeur d'arguments comme celui que l'on tire de l'existence d'une juridiction spéciale.

Le Portugal désire ardemment l'indépendance et le développement du Maroc, et reconnaît qu'ils exigent que son Gouvernement conserve sa liberté d'action à l'intérieur. Il doit refuser absolument de revenir sur la qualité déjà acquise de sujets naturalisés portugais; mais il est prêt à examiner, et à remédier toutes fois qu'il y aura lieu, les abus qui ont pu se produire dans des cas particuliers. Pour l'avenir, enfin, le Gouvernement portugais est disposé à sanctionner telles mesures qui, sans dénier les effects de la naturalisation aux sujets autrefois marocains qui retourneraient, sans esprit de résidence, dans leur pays, les refuseraient cependant dans les cas où la nationalité portugaise n'aurait été considérée que comme un moyen d'éluder les lois du Maroc.

Le Plénipotentiaire de Suède et Norvége constate que les lois de ces deux Royaumes font dépendre la naturalisation de la présentation, par le demandeur, de documents certifiant qu'il a cessé d'être le sujet de l'État qui, jusqu'à l'époque de la demande, avait été sa patrie. Mr. Akerman ajoute que cette condition lui parait constituer déjà une réponse favorable à la proposition marocaine, mais il n'aurait pas non plus d'objection à adhérer à celle-ci d'une manière plus formelle.

Le Président observe qu'il serait regrettable que la Conférence dût renoncer à discuter la demande présentée à Tanger sous le numéro 19 par le Gouvernement marocain, par suite du défaut d'instructions spéciales dont excipent certains des Plénipotentiaires. La question des effets de la naturalisation à l'étranger des indigènes qui retournent au Maroc pour y résider, posée déjà au sein de la Conférence de Tanger, a toujours parue être réservée à l'examen de la Conférence de Madrid, et faire partie de son programme.

Comme Plénipotentiaire d'Espagne, Mr. Cánovas del Castillo croit que la demande du Maroc ne soulève en réalité aucune question de droit international, et que son acceptation n'affecterait point la législation intérieure de chaque État.

La Turquie, en somme, a pu faire accepter en 1869 et dans des circonstances analogues, tout ce qui lui était nécessaire; les effets rétroactifs de la loi ont seuls été l'objet des réserves et des objections faites par les Puissances. Les documents cités par le Plénipotentiaire de Portugal n'établissent pas que parmi ces objections ait jamais été faite celle qu'on semble opposer à la demande du Maroc, à savoir, que son acceptation pourrait être incompatible avec la législation existante des Puissances. Il s'agit plûtot de l'exercice d'un droit de législation intérieure par le Gouvernement marocain, qui ne s'oppose pas à ce que ses sujets se fassent naturaliser à l'étranger, et qui exige uniquement qu'ils renoncent à leur nouvelle nationalité au cas où ils reviendraient se fixer au Maroc.

Mais la Turquie a fait plus encore. Le Gouvernement ottoman n'a pas seulement déclaré que les sujets ottomans ne pourraient en aucun cas se naturaliser à l'étranger sans autorisation préalable: il n'a pas seulement dit qu'il ne reconnaîtrait pas les effets de la naturalisation obtenue sans cette condition: il a defendu à tout ottoman de la demander, et cette prohibition suppose une sanction pénale.

Or, que demande le Maroc, alors que le retour dans son pays du marocain naturalisé a lieu dans le but avéré d'y fixer à nouveau sa résidence; dans un esprit contraire, par conséquent, à celui qu'a supposé toujours sa naturalisation par un autre État; alors que la présence de cet homme, les privilèges dont il continue à jouir, les exceptions dont il est l'objet au milieu de ses compatriotes et de ses parents mêmes, choquent toute idée de justice, entretiennent une agitation permanente et peuvent à chaque instant devenir la source de troubles et de desordres publics? Le Gouvernement shérifien ne prétend pas interdire à ses sujets de se faire naturaliser: il ne demande même pas que son autorisation préalable ait été obtenue, quoique ce soit là une condition exigée déjà par la législation de plusieurs pays d'Europe: il veut seulement que le marocain revenu au Maroc cesse d'être étranger.

Par ces raisons Mr. Cánovas del Castillo estime que cette demande, si modérée dans la forme, si légitime quant au fond, ne serait trouvée incompatible avec la législation d'aucun État, et qu'elle pourrait être admise par les Plénipotentiaires.

La Conférence pourrait tout au moins adopter, à ce sujet, une déclaration générale: sa décision sur un point déjà débattu à Tanger, sur une question de principe reconnu jadis par les Puissances lorsqu'il s'agissait de son application en Turquie, ne saurait surprendre aucun des Gouvernements représentés.

Quant à l'effet rétroactif des dispositions qui pourraient être prises, un effet de cette nature, toujours si difficile à admettre, ne saurait être consenti dans le cas actuel. Mais, si la rétroactivité qu'a combattue le Plénipotentiaire de Portugal est, en effet, absolument inadmissible, il semble qu'on ne puisse, sur la question du fond, nier que les plaintes du Maroc soient fondées en justice.

Sur la proposition du Président, la Conférence s'ajourne, à la suite de cette discussion, au mercredi 23 Juin.

La séance est levée à trois heures et demie.

Signé: Comte Solms.
Comte Ludolf.
Ed. Anspach.
A. Cánovas del Castillo.
Lucius Fairchild.
Jaurès.
L. S. Sackville West.
Greppi.
Mohammed Vargas.
M. de Heldewier.
Comte de Casal Ribeiro.
H. Akerman.

PROTOCOLE N° 11.

SÉANCE DU 24 JUIN 1880.

Etaient présents: MM. les Plénipotentiaires d'Allemagne, Autriche-Hongrie, Belgique, Espagne, États-Unis d'Amérique, France, Grande Bretagne et Danemark, Italie, Maroc, Pays-Bas, Portugal, et Suède et Norvége.

La séance, remise du mercredi 23 Juin, s'ouvre à midi et demie.

Le procès-verbal de la séance antérieure est lu et approuvé.

L'ordre du jour appelle la suite de la discussion des questions relatives à la naturalisation de sujets marocains à l'étranger.

Le Plénipotentiaire du Maroc dit que son Gouvernement ne s'oppose aucunement à ce que les sujets marocains changent leur nationalité. Sa demande se réduit, ainsi que l'a constaté dans la dernière séance Mr. le Plénipotentiaire d'Espagne, à ce que, une fois naturalisés à l'étranger, ils ne reviennent plus se fixer au Maroc, à moins qu'ils ne veuillent s'y soumettre à l'autorité de Sa Majesté le Sultan.

Sid Mohammed Vargas a signalé par la lettre en date du 18 Février 1879 qui a été jointe à sa demande numéro 19, ainsi que dans la séance tenue à Tanger le 19 Juillet de la même année, les abus de tout genre qui ont rendu nécessaire cette demande.

Il s'agit, d'ailleurs, d'une loi marocaine, édictée par le Sultan comme Souverain indépendant dans une question d'ordre intérieur, et qui ne touche en rien à la législation particulière de chaque État.

S'il est vrai qu'en Amérique, comme en Europe, les Gouvernements admettent le retour et la résidence dans leurs États des sujets naturalisés à l'étranger, il ne faut pas oublier que ces individus ne sont pas, comme au Maroc, soustraits par leur nouvelle qualité aux juridictions nationales.

Du reste, ces mêmes Gouvernements expulseraient immédiatement, par raisons d'ordre public, les individus naturalisés à l'étranger dont la résidence deviendrait un danger ou un scandale; et cela sans rencontrer d'opposition de la part des Puissances qui pourraient protéger ces gens. Or, ce droit, le Gouvernement marocain ne peut l'exercer; et pourtant il aurait, plus que tout autre, besoin qu'il lui fut reconnu, car son autorité, ébranlée par l'état de choses dont il se plaint, ne saurait en aucun cas être comparée à celle des Gouvernements européens.

Il ne faut point oublier combien diffèrent des citoyens européens ou américains les sujets marocains. Le caractère et l'éducation de ces derniers font qu'à l'abri des privilèges accordés par le Maroc aux étrangers, ils abusent de leurs droits pour susciter des difficultés et donner occasion à des troubles sérieux souvent et toujours nuisibles au prestige des Autorités nationales. Que si l'on ne portait remède à cette situation par l'adoption de mesures qui rendraient à la naturalisation son véritable caractère,—car il est évident qu'aucune Nation ne l'accorde dans l'esprit de créer une difficulté au Gouvernement d'une Puissance amie,—le Maroc, délivré des protégés irréguliers grâce aux dispositions arrêtées par la Conférence, se verrait bientôt envahi par des marocains naturalisés, et le mal n'aurait disparu que pour prendre une forme plus menaçante encore pour la paix de l'Empire.

Par ces motifs le Plénipotentiaire du Maroc prie la Conférence de prendre en considération le projet d'article qu'il lui soumet en ces termes:

«Le Gouvernement du Maroc ne s'oppose pas à ce que les sujets marocains changent leur nationalité; mais, de retour dans leur pays natal, ils ne pourront se soustraire à l'autorité de S. M. le Sultan, ni à la juridiction locale.»

Le Président observe que la Conférence ne saurait accepter une rédaction qui, d'une part, fait dépendre la perte de la nationalité acquise à l'étranger du seul fait d'un retour au Maroc, et qui, d'un autre coté, n'exclut point expressément tout effet rétroactif.

Il croirait préférable de soumettre à la discussion des Plénipotentiaires le projet d'article suivant:

«Tout sujet marocain naturalisé à l'étranger qui reviendra au Maroc devra, après un temps de séjour égal à celui qui lui aura été régulièrement nécessaire pour obtenir la naturalisation, opter entre sa soumission entière aux lois de l'Empire et l'obligation de quitter le Maroc.»

La Conférence paraissant disposée à accepter cette rédaction, le Plénipotentiaire de France dit qu'il aurait préféré réserver pour une entente directe entre le Maroc et la France la question des naturalisations; mais que, par esprit de conciliation, et comme marque de déférence envers l'opinion de ses collègues, il accepte la rédaction proposée par le Président, se bornant à demander qu'elle soit complétée par le membre de phrase suivant, qui lui parait indispensable: «.....à moins qu'il ne soit prouvé que la naturalisation étrangère a été obtenue avec l'assentiment du Gouvernement marocain.»

Le Plénipotentiaire de Portugal demandera aussi une addition à l'article, qui déclarera que la naturalisation étrangère acquise jusqu'à ce jour par des sujets marocains suivant les règles établies par les lois de chaque pays, leur est maintenue, pour tous ses effets, sans restriction aucune.

Le Plénipotentiaire du Maroc retire la rédaction qu'il a proposée en premier lieu, et demande à lui substituer le projet suivant, qu'il croit entièrement conforme au sentiment des Plénipotentiaires, et qui préviendra toute difficulté et toute discussion lors de l'application de l'article.

«Tout sujet marocain naturalisé à l'étranger qui reviendra au Maroc, devra, après un temps de séjour égal à celui qui lui aura été régulièrement nécessaire pour obtenir la naturalisation, opter entre la renonciation à cette naturalisation et l'obligation pour lui, et pour sa famille, de quitter le Maroc. Dans ce dernier cas, le retour au Maroc ne lui sera plus permis, pas plus qu'à sa famille, à moins de soumission entière à l'autorité du Sultan et aux lois du pays.

»La durée du séjour sera comptée jour pour jour égale à celle que la loi du pays étranger aura exigé pour la naturalisation, soit que le nombre voulu d'années ait été fourni par une résidence continue au Maroc, soit que cette résidence ait été interrompue par des absences à l'étranger.

»Par famille on comprendra la femme et les enfants qui suivent la nationalité du mari et du père.

»La résidence, dans les États du Sultan, de la famille, ou d'un individu de la famille, du marocain naturalisé, sera considérée, pour les fins de cet article, comme équivalant à la résidence du naturalisé lui-même. Il en serait de même s'il conservait au Maroc une maison de commerce opérant en son nom.»

Sid Mohammed Vargas demande enfin à la Conférence de sanctionner la disposition suivante, qu'il croit essentielle au prestige de l'autorité Shériffienne et au maintien de l'ordre public dans son pays:

«Il est entendu que si, pendant son séjour au Maroc, le marocain naturalisé ou un membre de sa famille venait à intervenir, directement ou indirectement, dans les affaires du pays, à provoquer des troubles, à commettre une action contraire aux lois, ou à manquer au respect dû aux Autorités locales, celles-ci s'en plaindront au Consul qui, dès lors et sans attendre l'expiration du délai stipulé, expulsera immédiatement les délinquents du territoire marocain.»

Le Président constate que les autres Plénipotentiaires paraissent unanimes à préférer la rédaction qui a déjà été l'objet d'une entente générale. La Conférence ne peut entrer dans certains détails ni prévoir toutes les formes d'abus qui pourront se présenter; elle ne peut que déclarer un principe dont l'application devra être requise, dans des cas particuliers, par la voie diplomatique.

Le Plénipotentiaire du Maroc insistant pour qu'il soit fait mention de la famille du naturalisé, le Président observe que la rédaction proposée répond, par le fait, à toute difficulté de ce chef, car ses dispositions s'appliquent également aux membres de la famille, si l'on considère qu'ils deviennent eux mêmes naturalisés par le fait de la naturalisation du père ou mari.

Le Plénipotentiaire du Maroc déclare accepter l'article, du moment où l'on doit admettre cette interpretation.

Quant à l'addition qui a été proposée par Mr. le Plénipotentiaire de France, Sid Mohammed Vargas se borne à déclarer que le consentement que Sa Majesté le Sultan pourrait donner à la naturalisation d'un de ses sujets ne le sera que sous forme de firman shériffien.

La Conférence adopte l'article 19, qui est rédigé en ces termes:

«*Tout sujet marocain naturalisé à l'étranger, qui reviendra au Maroc, devra, après un temps de séjour égal à celui qui lui aura été régulièrement nécessaire pour obtenir la naturalisation, opter entre sa soumission entière aux lois de l'Empire et l'obligation de quitter le Maroc, à moins qu'il ne soit constaté que la naturalisation étrangère a été obtenue avec l'assentiment du Gouvernement marocain.*

»*La naturalisation étrangère acquise jusqu'à ce jour par des sujets marocains suivant les règles établies par les lois de chaque pays, leur est maintenue, pour tous ses effets, sans restriction aucune.*»

La Conférence passe ensuite à l'examen des faits exposés à la Conférence de Tanger par Sid Mohammed Vargas dans la lettre du 18 Février 1879.

Le Président constate que tous les Plénipotentiaires reconnaissent, ainsi que l'ont déjà fait les Représentants à Tanger, la justice des observations présentées par le Ministre des Affaires Étrangères de S. M. Shériffienne au sujet de l'ingérence des Agents consulaires dans les affaires déférées aux Tribunaux marocains; mais il ne semble pas que la Conférence ait à statuer sur ce point, les Représentants des Puissances à Tanger ayant déclaré qu'ils feraient droit à la demande de Sid Mohammed Vargas.

Le Plénipotentiaire de France propose ensuite, et la Conférence adopte à l'unanimité sous le numéro 20, l'article suivant:

«*Le droit au traitement de la Nation la plus favorisée est reconnu par le Maroc à toutes les Puissances représentées à la Conférence.*»

Le Président observe que la Conférence, qui a examiné les dix-neuf demandes présentées à Tanger par le Gouvernement marocain, et statué sur chacune d'elles, et qui vient d'adopter enfin un dernier et nouvel article, semblerait être arrivée au terme prévu de ses travaux. Il prie néanmoins les Plénipotentiaires, au cas où ils désireraient soumettre des matières nouvelles à la délibération commune, de vouloir bien en saisir la Conférence.

Le Plénipotentiaire du Maroc demande alors la parole, et fait la déclaration suivante, qu'il considère comme la conséquence nécessaire de toutes les dispositions consenties par la Conférence au sujet de la protection au Maroc:

«Le Gouvernement marocain ne reconnaîtra d'autres protégés que ceux dont le nombre et les qualités ont été déterminés par les articles que la Conférence a adoptés.

»Les individus qui ne se trouveraient pas dans ces conditions devront être, par conséquent, rayés des listes et privés de la protection étrangère; ils passeront sous la protection directe de S. M. Shériffienne et il sera procédé à leur égard, dans tous les cas où ils auraient des contestations avec d'autres sujets du Sultan ou avec des sujets ou protégés étrangers, de la manière suivante:

»Toute question sera soumise au Kadi ou au Gouverneur, selon qu'elle sera du ressort de l'un ou de l'autre, mais toujours avec l'appel, stipulé dans les Traités, au Ministre des Affaires Étrangères à Tanger. Pour le cas où l'ex-protégé s'opposerait à ce que son affaire fût soumise aux Autorités marocaines du lieu de sa résidence, il aura le droit de la porter directement devant le dit Ministre, lequel, après avoir prononcé la sentence, et au cas où l'ex-protégé se croirait lésé par elle, entendra le Représentant étranger à Tanger de la Nation qui protégait autrefois l'intéréssé, et lui fera connaître les raisons sur lesquelles se fonde la sentence.

»Les Représentants étrangers remettront au Ministre des Affaires Étrangères une liste spéciale mentionnant les noms et résidences des individus qui ont été éliminés des listes de protection par suite des présentes dispositions, afin que les Autorités locales puissent en être prévenues.»

Le Président remarque que cette proposition reproduit les observations développées par Sid Mohammed Vargas dans les lettres du 18 Février et 12 Avril 1879. Il rappelle que la Conférence a eu connaissance d'un projet du Plénipotentiaire des États-Unis, visant la situation des ex-protégés; mais ce projet, qui suppose une décision antérieure sur le principe, parait devoir être réservé à une délibération ultérieure.

Le Plénipotentiaire d'Italie demande la parole et s'exprime en ces termes:

«Permettez moi, Messieurs, de rappeler tout d'abord les Traités stipulés entre le Maroc et les États Italiens, depuis le commencement du Xe siècle jusqu'en 1833. Ils sont nombreux et dignes d'être notés.

»La République de Gênes a été la première à conclure des Traités avec le Maroc; Pise, Florence et Vénise suivirent son exemple. Le Royaume des Deux Siciles, la Toscane, la Sardaigne stipulèrent successivement des accords internationaux avec ce pays. Le Gouvernement des Deux Siciles a confirmé en 1833 ses anciens Traités. Les Papes exerçaient dejà au XIIe siècle une protection sur les chrétiens sujets des Emirs du Maroc.

»Dans ces Traités, même dans les plus anciens, on trouve, comme dans le Traité français de 1767, le principe du droit de protection. Avec le temps et par l'usage l'exercice de ce droit a fondé un droit de protection *consuétudinaire*.

»Le droit même de propriété est mentionné dans le Traité avec les Deux Siciles, lequel accordait aux sujets relevant de ce pays, le droit de posséder des maisons dans l'Empire marocain.

»Le droit consuétudinaire de protection n'a jamais soulevé la moindre objection de la part du Gouvernement marocain. Celui-ci l'a reconnu et sanctionné par le fait, puisqu'il a toujours exécuté les arrêts que les Tribunaux consulaires, ou les juges arbitres, ont prononcé contre des sujets du Sultan en faveur de ses sujets protégés, en vertu du droit coutumier. C'est contre les abus et non contre le droit, que le Gouvernement a parfois élevé des plaintes.

»Les Gouvernements de la Grande Bretagne, d'Espagne et de France ont trouvé, dans leur haute appréciation, qu'il était plus conforme à leurs intérêts de limiter, en ce qui les concernait, le droit de protection. La Grande Bretagne et l'Espagne ont conclu des Traités qui limitent la protection aux indigènes employés et domestiques de leurs Légations, Consulats, Viceconsulats et Agences consulaires. La France a signé le Règlement de 1863, qui admet seulement deux catégories de protégés, c'est-à-dire, la catégorie des employés et des domestiques et celle des censaux. Ce qui n'a pas empêché qu'en dehors de ces catégories d'autres inscriptions de protégés, ressortissants de ces Légations, aient pu avoir lieu, inscriptions rayées plus tard, à l'occasion de la présentation des listes au Ministre des Affaires Étrangères du Maroc.

»L'Italie a toujours maintenu inaltérable son droit consuétudinaire, sans jamais en abuser. En effet, en examinant le chiffre de cent huit, auquel montent ses protégés, on trouvera qu'onze seulement sont protégés en vertu du droit consuétudinaire.

»Six sont d'anciens Viceconsuls et Interprètes des États Italiens composant actuellement le Royaume d'Italie. Le nombre de ceux qui ont rendu ainsi des services à l'Italie est de six et non d'un seul (Mr. Moses Nahon) comme Mr. le Ministre des Affaires Étrangères du Maroc avait cru pouvoir l'affirmer dans la séance du 19 Juillet 1879 des Conférences de Tanger.

»La veuve David Buzaglo et ses deux fils composent la famille d'un Agent diplomatique italien, et jouissent à ce titre de la protection.

»La veuve Isaac Toledano et huit autres personnes appartiennent à la famille de Joseph Toledano, Interprète de la Légation d'Italie, famille qui jusqu'à présent a joui de la protection héréditaire comme la famille Benchimol, protégée par la France.

»Trente-deux indigènes sont employés et domestiques de la Légation à Tanger et des Agents consulaires au Maroc.

»Enfin, quarante-sept sont agents commerciaux ou censaux, dont dix-huit seulement sont musulmans. D'après mes informations, ces agents commerciaux ont été choisis *exclusivement* dans les villes de la côte et de l'intérieur. Ils ne sont pas riches; parmi eux un seul est propriétaire aisé.

»Les protégés par droit consuétudinaire, qui sont au nombre de onze, et les six anciens employés, appartiennent à de riches maisons de commerce. Ainsi quatre d'entre eux ont versé aux Douanes du Sultan, en droits d'importation et d'exportation, et pendant les années 1877, 78 et 79, la somme d'un million et demi de francs.

»Le fait de cette protection accordée à des maisons riches et influentes aussi pour le commerce italien, n'exclut pas une intervention éventuelle, *collective*, en faveur des familles qui se trouvent dans une position moins aisée.

»Depuis douze ans que le Ministre d'Italie actuel se trouve à Tanger, il n'a accordé en vertu du droit consuétudinaire qu'une seule protection, en faveur d'un pauvre batelier marocain musulman qui, au risque de sa vie, sauva celles de trois matelots italiens.

»Maintenant que j'ai exposé les raisons de droit qui conseillent à mon Gouvernement de conserver les protégés qu'il a actuellement au Maroc, ainsi que le droit consuétudinaire de protection, je donnerai les raisons de fait qui ne peuvent que confirmer mon Gouvernement dans cet ordre d'idées.»

Mr. le Comte Greppi lit des extraits du discours prononcé par le Ministre de la Grande Bretagne, Doyen du Corps Diplomatique à Tanger, à l'occasion de l'ouverture des Conférences de 1879; Sir John Drummond Hay, dont les paroles sont d'ailleurs à la connaissance des Plénipotentiaires par les procès verbaux de ces Conférences, a tracé un tableau sévère de l'état du Maroc.

Il rappelle que, dans la séance du 16 Avril, Sir John Drummond Hay proposait, dans le cas où le Gouvernement marocain viendrait à manquer aux engagements précédemment pris par lui, de s'associer à ses collègues pour obliger le Gouvernement shériffien à tenir ses promesses. Le Ministre d'Italie, en vue des éventualités prévues par ces paroles, trouvait plus sage pour l'Italie de garder ses protégés.

Sir John Drummond Hay a encore déclaré, dans son Memorandum sur une conversation qu'il a eue avec le Revérend Mr. Lowys, que le Sultan Muley-Hassan est homme juste et humain, mais qu'il n'a pas le pouvoir qu'il faudrait pour contenir ses sujets fanatiques, s'il essayait de mettre les israélites sur le même pied que ses autres sujets musulmans. Il serait, en outre, dangereux que les Représentants des Puissances vinssent exercer une pression excessive ou faire des demandes péremptoires à ce propos, puisque le Sultan ne céderait que par la crainte des conséquences de son refus vis-à-vis des Gouvernements étrangers. Des concessions ainsi accordées n'auraient pour effet que de provoquer les excès du fanatisme musulman.

Le Plénipotentiaire d'Italie reprend en ces termes:

«Sans faire un tableau plus noir de la situation du Maroc, je crois que le Représentant britannique à Tanger a dévoilé les véritables causes de la «maladie» dont se plaint le Plénipotentiaire du Maroc. Il me semble qu'au lieu de demander à la Conférence le *remède* pour ces *maux*, on devrait chercher ce remède dans une reforme politique et administrative de son pays.

»Le Ministre de la Grande Bretagne à Tanger pense,—et sa manière de voir parait être partagée par quelques membres de la Conférence,—qu'on doit tout concéder au Maroc pour qu'il marche sans entraves vers la civilisation. Ma conviction est qu'avant tout le Gouvernement marocain doit établir la réforme politique nécessaire et la faire exécuter; une fois bien assise, elle mettrait les Puissances à même de venir au devant des désirs du Maroc.

»Au fond l'Italie veut la même chose, mais elle diffère sur le chemin à prendre pour arriver au but.

»Les onze protégés de l'Italie et les quelques autres des autres Puissances ne sauraient à la vérité entraver la marche franche et resolue du Maroc dans les voies indiquées du progrès.

»Le Gouvernement du Roi est sincèrement ami du Souverain éclairé qui règne au Maroc. L'Italie désire autant que toute autre Puissance que l'Empire du Sultan du Maroc soit fort, prospère et indépendant. Elle connait parfaitement les excellentes intentions de S. M. Muley-Hassan; malheureusement, le Gouvernement marocain est faible, ses ordres ne sont pas obéis, le Gouvernement italien ne saurait avoir entière confiance, et ne *pourrait céder qu'à la suite de réformes accomplies.*

»Il était à croire que Mr. le Plénipotentiaire du Maroc, en se présentant à la Conférence, se trouverait en mesure d'annoncer la promulgation d'un édit ou Hatti-Chérif qui aurait donné aux sujets marocains l'égalité devant la loi, sans distinction de religion, et aurait institué des Tribunaux mixtes à l'instar de ce qui s'est fait en Turquie, et ceci avant d'exiger des Puissances étrangères l'acceptation des demandes présentées à la Conférence.

»Dans la Tunisie, qui est un Gouvernement relativement bien organisé, les Puissances étrangères maintiennent le droit de protection, et l'exercent sur une base beaucoup plus large qu'au Maroc; et si en Tunisie, où existent les Tribunaux mixtes, on ne renonce pas au droit de protection, pouvons-nous y renoncer au Maroc? Le Gouvernement italien ne le croit pas.

»Remarquez bien, Messieurs, que ce que l'Italie demande à conserver, c'est le droit consuétudinaire sans abus, c'est-à-dire, la protection restreinte à quelques cas exceptionnels. Ce n'est ni l'Agent consulaire, ni le Viceconsul, ni le Consul, ni le Ministre, qui doivent être les juges de ce cas exceptionnel et qui doivent accorder la protection, mais seulement le Gouvernement du Roi. Voilà comment le Gouvernement italien entend restreindre la protection.

»Jusqu'ici quelques Représentants des Puissances étrangères ont toléré que les Consuls, Viceconsuls et Agents consulaires accordassent de leur chef les protections, par un abus que la Légation d'Italie n'a jamais autorisé. Toutes les fois que quelques agents subalternes se permettaient de le faire, malgré les ordres en contraire, ces protégés étaient immédiatement privés de leur qualité; une première fois l'Agent consulaire était sévèrement reprimandé, en cas de récidive il était destitué.

»On a bien prétendu que les populations des villes du littoral sont aujourd'hui moins exposées que par le passé à des vexations par les Autorités locales; mais de tout temps ces populations ont été plus épargnées que celles de l'intérieur, car les populations des villes de la côte se trouvent sous les yeux des Agents consulaires.

»Je suis obligé, malgré moi, de vous dire la vérité sur l'état du Maroc, pour vous persuader que le temps n'est pas encore arrivé de renoncer aux droits que je défends; je ne puis d'un autre côté mieux vous prouver, Messieurs, le bon vouloir de mon Gouvernement envers le Maroc, qu'en vous priant de lire les procès-verbaux des séances qui ont eu lieu à Tanger en 1877 et 1879. Vous verrez par ces documents que le Ministre d'Italie n'a jamais cessé de défendre les intérêts du Gouvernement shériffien, tout en soutenant les droits que l'Italie entend conserver.

»Aucune des Puissances qui sont représentées au Maroc ne saurait voir avec indifférence aux portes de l'Europe un vaste et riche Empire restant étranger au mouvement général de la civilisation.

»Si le Gouvernement italien ne peut céder sur les deux points en question pour les raisons que j'ai longuement exposées, il serait cependant heureux si la Conférence trouvait un moyent tout-à-fait efficace pour empêcher à l'avenir le renouvellement des abus, de quelque côté qu'ils se présentent.

»Pour ce qui concerne les abus de protection, le Ministre d'Italie au Maroc a proposé dans la séance des Conférences de Tanger du 16 Avril 1879, un moyen que vous connaissez, savoir: que le droit de protection sera exercé à l'avenir dans des cas exceptionnels et avec l'approbation du Gouvernement. Si la Conférence trouve que ces garanties ne répondent pas d'une manière efficace au but qu'on a en vue d'éviter les abus, je suis prêt à me joindre aux Plénipotentiaires mes collègues, pour chercher la manière de compléter ces garanties, à la condition, bien entendu, que le principe du droit consuétudinaire de protection, tel qu'il est envisagé par l'Italie, soit maintenu.

»Je suis également disposé à m'associer à vous, Messieurs, pour chercher un moyen de rendre impossibles à l'avenir les protections officieuses qui, aujourd'hui encore, sont tolérées par certaines Autorités locales. Ces protections, qui sont assez nombreuses, sont plus dangereuses pour le Maroc que ne le sont les protections réelles, et entravent l'action légale des Représentants qui combattent ces abus.

»Je ne puis que répéter que le Gouvernement du Roi ne veut rien faire, comme il n'a rien fait par le passé, qui puisse mettre obstacle à la prospérité, à la force et à l'indépendance du Maroc; mais il entend garder tout ce que les droits de l'Italie et les intérêts de l'humanité et de la justice lui commandent de conserver.

»En résumé, le Gouvernement du Roi croit devoir garder cette catégorie de protégés que le Plénipotentiaire du Maroc a désigné d'une manière erronée comme irrégulière; ce n'est, d'ailleurs, que la conséquence du principe de *non-rétroactivité*. Le Gouvernement italien tient aussi à conserver le droit consuétudinaire de protection, mais il ne l'accordera que dans des cas *tout-à-fait exceptionnels*. En vue d'éloigner tout soupçon même d'abus éventuels, le Gouvernement du Roi se réserve, sur chaque proposition qui lui sera faite par son Représentant à Tanger, d'accorder la protection ou de la refuser.

»Je prie MM. les Plénipotentiaires de prendre en sérieux examen les considérations que j'ai eu l'honneur d'exposer, et je voudrais pouvoir compter sur leur concours bienveillant pour obtenir un résultat conforme aux vues de l'Italie dans cette question. Pour atteindre ce but j'ai confiance également dans l'esprit, conciliant et éclairé au même temps, du digne Représentant parmi nous de Sa Majesté Shériffienne, dont les principes de justice et de moralité lui ont valu l'estime du Corps diplomatique au Maroc, et les vives sympathies des membres de la Conférence. »

Le Président, donnant acte au Plénipotentiaire d'Italie de ses déclarations, doit néanmoins faire observer qu'elles paraissent conçues dans un esprit autre que celui qui a présidé jusqu'en ce moment aux travaux de la Conférence. Les Plénipotentiaires ont constamment fait, en effet, œuvre de définition, en déterminant le nombre et les qualités des protégés. Le droit consuétudinaire dont le Plénipotentiaire d'Italie réclame l'exercice, serait, s'il n'y était apporté de restrictions, la négation même de ce principe. Quelle que soit la modération avec laquelle ce droit ait été exercé dans le passé et le sera à l'avenir, il n'en devra pas moins, s'il est confirmé à l'Italie, être acquis dorénavant à toutes les autres Puissances. Or, que deviendraient, en présence de droits de cette nature, les dispositions limitatives que la Conférence vient d'adopter?

Le Président est persuadé que la discussion permettra de concilier les prétentions opposées des Plénipotentiaires de l'Italie et du Maroc. Il remarque que la proposition italienne tendrait à créer une troisième catégorie de protégés. Cependant, le droit qu'elle réclame paraît n'avoir été exercé qu'une seule fois depuis douze ans.

Tout dépendrait donc de l'extension que l'Italie entend donner au principe: le droit de protection qu'on invoque ne pourrait être admis sans restrictions par la Conférence; il semble, par contre, que l'on pourrait reconnaître le principe dans les limites du fait constaté.

Il demande au Comte Greppi s'il serait disposé à entrer en discussion sur une base qui restreindrait à l'avenir le droit consuétudinaire de protection à des cas absolument exceptionnels, comme ceux qui ont motivé son exercice dans le passé.

Sur la réponse affirmative du Plénipotentiaire d'Italie, la Conférence ajourne la discussion au samedi 26 Juin.

La séance est levée à trois heures.

Signé: Comte Solms.
Comte Ludolf.
Ed. Anspach.
A. Cánovas del Castillo.
Lucius Fairchild.
Jaurès.
L. S. Sackville West.
Greppi.
Mohammed Vargas.
M. de Heldewier.
Comte de Casal Ribeiro.
H. Akerman.

PROTOCOLE N.° 12.

SÉANCE DU 26 JUIN 1880.

Étaient présents: MM. les Plénipotentiaires d'Allemagne, Autriche-Hongrie, Belgique, Espagne, États-Unis d'Amérique, France, Grande Bretagne et Danemark, Italie, Maroc, Pays-Bas, Portugal, et Suède et Norvége.

La séance est ouverte à une heure.

Le procès-verbal de la séance antérieure est lu et approuvé, Mr. le Plénipotentiaire du Maroc ayant pris la parole pour répondre au discours prononcé par Mr. le Plénipotentiaire d'Italie dans la séance du 24 Juin.

Tout en observant qu'il lui serait difficile de suivre, dans sa partie historique, l'argumentation de Son Excellence le Comte Greppi et d'y répondre surlechamp, sans autres documents que ceux dont il dispose, Sid Mohammed Vargas croit devoir relever tout au moins la contradiction qu'implique la mention des traités conclus depuis le Xe siècle entre les Émirs du Maroc et les États Italiens, alors qu'il s'agit de l'exercice du droit de protection. Ce droit, en effet, et la protection elle-même, dans l'acception réelle et usuelle de ce terme, ne saurait se confondre avec les demandes, les recommendations souvent acompagnées du paiement d'une rançon annuelle, qu'adressaient autrefois aux Souverains du Maroc les États Italiens.

L'erreur de Son Excellence le Comte Greppi est plus grande encore lorsqu'il cite, à l'appui de son argument, des Traités qui, non seulement n'ont pas établi de protection au Maroc, mais qui ont laissé les sujets étrangers soumis à la juridiction marocaine.

«Le Maroc,—a dit encore le Plénipotentiaire d'Italie,—a reconnu et sanctionné le droit coutumier de protection en exécutant les arrêts que les Tribunaux consulaires ont prononcé contre des sujets du Sultan en faveur de ses sujets protégés en vertu de ce droit.» Or, au Maroc, tout litige est porté devant le Tribunal de la nationalité du défendeur; il semble donc étrange que l'Autorité marocaine ait eu a «exécuter les arrêts des Tribunaux consulaires»; Sid Mohammed Vargas répondrait, en tout cas, que l'exigence de la force n'a jamais été considérée comme un argument irréfutable contre le droit du faible.

Quant aux protégés italiens que Mr. le Comte Greppi a bien voulu énumerer, le Plénipotentiaire du Maroc se bornera a en noter le nombre et les conditions, afin de pouvoir établir au besoin, et par l'aveu même du Plénipotentiaire d'Italie, combien a été rare et difficile l'usage du droit «coutumier» qu'on prétend maintenir, puisque pendant douze ans l'Italie n'a accordé qu'une seule protection en vertu de ce droit, et celle-là par les motifs tout exceptionnels que l'on a rappelés.

Parmi les paroles attribuées au Représentant de la Grande Bretagne à Tanger, il y en a que Sid Mohammed Vargas n'a pas trouvées dans le texte qui lui a été communiqué des procès-verbaux, et d'autres, citées isolément, dont le sens lui semble mal interprété. Le Ministre des Affaires Étrangères du Sultan n'a pas connu davantage la conversation de Sir John Drummond Hay avec le Révérend Mr. Lowys; il aurait, sans cela, protesté contre ces appréciations.

Le Plénipotentiaire du Maroc termine en exprimant sa conviction que les Plénipotentiaires, en possession des faits, apprécient les raisons qui ont rendu nécessaire et qui justifient sa demande, qu'il doit maintenir; il espère encore que le Comte Greppi voudra s'unir à ses collègues pour en reconnaître la justice.

Le Plénipotentiaire d'Italie répond aux observations de Mr. le Plénipotentiaire du Maroc, en formulant les réserves les plus formelles, et en maintenant intégralement tout ce qu'il a précédemment exposé.

Sur la reprise de la discussion des questions relatives à la protection irrégulière, le Président annonce qu'il croit pouvoir soumettre aux Plénipotentiaires de l'Italie et du Maroc le projet d'article suivant, qui serait accepté par tous les autres Plénipotentiaires:

«Aucune protection irrégulière ne pourra être accordée à l'avenir. Cependant l'exercice du droit consuétudinaire de protection sera exceptionnellement réservé au seul cas où il s'agirait de récompenser des services éclatants rendus à un Gouvernement étranger par un marocain. La nature des services et l'intention de les récompenser par la protection seront préalablement notifiées au Ministre des Affaires Étrangères à Tanger afin qu'il puisse au besoin présenter ses observations; la résolution définitive restera néanmoins réservée au Gouvernement auquel le service aura été rendu. Le nombre des protégés ainsi créés ne pourra jamais dépasser celui de trois par Puissance.»

Sur des observations succesivement présentées par les Plénipotentiaires de l'Italie et du Maroc, et par le Plénipotentiaire de Portugal qui demande qu'il soit établi que la situation des personnes jouissant d'une protection irrégulière, antérieurement obtenue, sera assimilée pour l'avenir à celle des autres protégés, l'article proposé est modifié ainsi qu'il suit:

«Aucune protection irrégulière ne pourra être accordée à l'avenir.
»Cependant, l'exercice du droit consuétudinaire de protection sera réservé au

seul cas où il s'agirait de récompenser des services éclatants rendus par un marocain à une Puissance étrangère, ou pour d'autres motifs tout-à-fait exceptionnels et particuliers à cette Puissance. La nature des services et l'intention de les récompenser par la protection seront préalablement notifiées au Ministre des Affaires Étrangères à Tanger, afin qu'il puisse au besoin présenter ses observations; la résolution définitive restera néanmoins réservée au Gouvernement auquel le service aura été rendu. Le nombre des protégés ainsi créés ne pourra jamais dépasser celui de trois par Puissance.

»La situation des protégés qui ont obtenu la protection en vertu d'usages désormais réglés par les dispositions qui précèdent, sera, pour eux et pour leurs familles, identique à celle établie pour les autres protégés.»

Le Plénipotentiaire du Maroc déclare accepter l'article en ces termes, et la Conférence l'adopte provisoirement, sous la réserve, pour le Plénipotentiaire d'Italie, de consulter son Gouvernement.

Le Président rappelle que Mr. le Plénipotentiaire des États-Unis avait annoncé qu'il soumettrait à la Conférence des propositions visant la situation des individus auxquels la protection viendrait à être retirée. La Conférence n'ayant pas admis d'effet rétroactif pour ses décisions, les propositions en question ne deviendraient pas applicables.

Le Général Fairchild, reconnaissant que son projet supposait une révision des listes de protection, déclare le retirer du moment où la Conférence a repoussé le principe de la rétroactivité.

Le Plénipotentiaire du Maroc demande qu'il soit entendu que toutes les personnes qui sont abusivement protégées, en sus du nombre et en dehors des conditions déterminées par les Traités, le Règlement de 1863, et les dispositions adoptées par la Conférence, seront rayées des listes de protection.

Ainsi entendu par les Plénipotentiaires.

Le Président observe que la Conférence, ayant accompli, et au delà, la tâche qu'elle s'était proposée, est à la veille de se dissoudre. Mais il doit porter à la connaissance de ses membres, avant qu'ils ne se séparent, une communication importante qui a été adressée par le Saint Siége au Gouvernement de Sa Majesté Catholique.

Mr. Cánovas del Castillo donne lecture de la traduction suivante d'une lettre, en date du 4 Mai 1880, qu'il a reçue de Son Eminence le Cardinal Nina:

«Excellence:

»Le Saint Père, obéissant aux devoirs de sa Mission Apostolique, ne peut que mettre à profit toutes les occasions qui se présentent de veiller aux intérêts du Catholicisme, sur n'importe quel point du globe. Ayant appris que dans le courant de ce mois un Congrès diplomatique doit se réunir sous votre présidence pour s'occuper des affaires du Maroc, Sa Sainteté, tout en reconnaissant que parmi les questions qui seront soumises à la délibération de la Conférence, celle qui se rapporte à la liberté religieuse dans l'Empire marocain n'a pas été particulièrement désignée, croit cependant que rien n'interdirait aux Plénipotentiaires réunis à Madrid de porter leur attention sur un sujet si important pour le bien-être des habitants du Maroc, quand même il ne serait considéré qu'au point de vue matériel.

»Il n'est point douteux que, de même qu'au dernier Congrès de Berlin les appels faits par mon illustre prédécesseur le Cardinal Franchi aux Représentants de la France et de l'Autriche, MM. Waddington et Andrassy, eurent pour résultat de faire accueillir et voter, avec l'approbation générale, les demandes de Sa Sainteté relatives à la liberté de la Religion Catholique pour les sujets de la Sublime Porte et des États qui l'avoisinent, de même la proposition que je fais en ce moment trouvera un accueil non moins favorable de la part des dignes Représentants à la veille de se réunir dans la capitale d'une Nation si dévouée au Saint Siége, et liée par tant d'intérêts à l'Empire du Maroc. D'autre part il n'est pas permis de présumer que le Gouvernement marocain, uni par un lien si étroit au Représentant suprême de l'Islamisme, puisse se refuser à suivre l'exemple qui lui a été offert par l'adhésion de l'Empereur des Ottomans aux articles stipulés dans le Congrès de Berlin, lorsque la Conférence qui va se réunir lui proposera d'adopter une résolution analogue.

»Obéissant à ces considérations, le Saint Père m'a chargé de m'adresser à Votre Excellence, digne Président de l'Assemblée, et de faire appel, en son nom Pontifical, à ses sentiments comme catholique et comme espagnol, afin qu'elle veuille bien se charger de proposer et de défendre au sein du Congrès la proposition sus-indiquée, qui porte que les sujets du Sultan, ainsi que les étrangers, jouiront au Maroc du libre exercice du culte catholique, sans que par ce motif ils aient à souffrir tort ou préjudice dans leurs droits civils ou politiques.

»Le Saint Père ne méconnaît point les obstacles qu'oppose l'état actuel du Maroc à la réalisation de cette liberté; mais ces obstacles, loin de décourager, doivent stimuler les cœurs généreux qui n'envisagent que la grandeur du but à atteindre.

»Du reste, une fois que le Gouvernement marocain aura accepté le principe en question et pris vis-à-vis des Puissances étrangères l'engagement de s'y conformer, si ces Puissances, d'accord avec l'Espagne, dont les relations avec le Maroc présentent un caractère tout spécial, voulaient prendre une attitude semblable à celle qu'elles ont adoptée en Orient, on pourrait avec raison espérer que les progrès de la civilisation amèneraient bientôt, par des voies pacifiques, le libre exercice du culte catholique dans ces régions africaines.

»En me conformant aux ordres de l'Auguste Pontife, je dois en même temps vous faire savoir que le Saint Père est animé d'une conviction intime que vous répondrez à son appel paternel, et que les Représentants des autres Puissances seconderont vos efforts, en accueillant avec faveur une demande conforme aux principes aujourd'hui admis du droit public international.

»Le Saint Père croit également qu'en agissant ainsi, Votre Excellence répondra aux sentiments bien connus de S. M. le Roi, son Auguste Souverain, en faveur de notre Sainte Religion.

»Je saisis avec empressement cette occasion, etc.—(Signé.)—*L. Card. Nina.*— A Son Excellence Mr. Cánovas del Castillo.»

Mr. Cánovas del Castillo a eu l'honneur de répondre à Monseigneur le Nonce Apostolique à Madrid, avec lequel il s'est entretenu à ce sujet, que le Plénipotentiaire d'Espagne était prêt à présenter et à appuyer au sein de la Conférence la proposition du Saint Siége, aussitôt qu'il serait avéré que les Représentants des autres Puissances pourraient consentir à traiter des questions en dehors de celles qui avaient motivé leur réunion; il devrait, en particulier, consulter son collègue le Représentant de la Grande Bretagne, dont le Gouvernement a pris l'initiative de la convocation des Plénipotentiaires, sur l'opportunité qu'il y aurait à saisir la Conférence de cette proposition. Mr. Cánovas a ajouté que, si la Conférence admettait en principe la possibilité de traiter des questions étrangères au but déterminé qu'elle s'était proposé, le Plénipotentiaire d'Espagne tiendrait à honneur de remplir la mission que le Saint Siége daignait lui confier, et qu'il était persuadé que la communication du Saint Père serait accueillie, en ce cas, avec toute la déférence due à sa haute origine.

Il a rappelé en même temps que le Traité de 1861 assure la liberté religieuse aux catholiques espagnols au Maroc, et que d'autre part le Traité anglais de 1856 stipulait également, pour les sujets britanniques, le libre exercice de leur culte.

Ayant acquis postérieurement la conviction que les Plénipotentiaires sont disposés à examiner cette question, le Président estime que la Conférence devra faire une déclaration érigeant en règle générale le principe que le Maroc a déjà admis par des Traités.

Le Plénipotentiaire d'Autriche-Hongrie prend alors la parole et dit que le Gouvernement de S. M. Impériale et Royale Apostolique, à la suite d'une demarche analogue du Saint-Siége, a pu s'assurer, de son côté, que les autres Cabinets seraient, en effet, disposés à se joindre à un vœu comme celui dont vient de prendre l'initiative le Président de la Conférence, pourvu que ce vœu fût exprimé en faveur de tous les habitants non musulmans du Maroc, et que la Conférence recommandât en même temps à la sagesse du Sultan du Maroc l'abolition des incapacités qui pèsent encore sur certaines classes de ses sujets en raison de leurs croyances.

C'est dans ce sens, et pour donner une forme plus précise à ce vœu, que Mr. le Comte Ludolf a été chargé de préparer le projet d'adresse au Souverain du Maroc qu'il a l'honneur de soumettre à la Conférence.

Le Plénipotentiaire d'Autriche-Hongrie donne lecture du document en ces termes:

«La Conférence, au moment de se dissoudre, informée par son Président de la demande exprimée en faveur de l'Eglise Catholique par Sa Sainteté le Souverain Pontife, dans la lettre dont lecture vient d'être faite, demande, de son côté, que le libre exercice de tous les cultes soit reconnu au Maroc.

»La Conférence est d'autant plus convaincue que ce vœu trouvera un accueil favorable auprès de S. M. Shériffienne, que l'Illustre Souverain du Maroc a déjà donné une preuve manifeste de sa tolérance et de sa sollicitude pour le bien-être de ses sujets non-musulmans, en confirmant en 1874 le décret accordé par S. M. le Sultan Sidi Mohammed, sous le 26 Chaban de 1280 (Février 1864), à Sir Moses Montefiore, décret qui proclame que tous les sujets de l'Empire du Maroc doivent avoir le même rang devant la loi: que par conséquent les juifs au Maroc doivent être traités conformément à la justice et à l'équité, et qu'aucune violence ne doit être exercée à l'égard de leurs personnes ni de leurs biens.

»A la suite de ce décret, bien des lois humiliantes édictées contre les non-musulmans dans des temps antérieurs ont été mises hors de pratique, et le sort des races non-musulmanes au Maroc est devenu plus supportable.

»Toutefois, ces lois ne sont pas encore toutes formellement révoquées, et quelques-unes même continuent à être en vigueur dans plus d'un endroit de l'intérieur de l'Empire. De même, le libre exercice de leurs cultes n'est pas encore accordé d'une manière légale aux sujets non-musulmans de S. M. Shériffienne, et beaucoup de restrictions existent encore pour ces derniers qui sont contraires à l'esprit du décret du 26 Chaban 1280 et à cette règle si élémentaire et si universellement respectée, que les sujets d'un même pays, de quelque race ou de quelque religion qu'ils soient, dès qu'ils accomplissent fidèlement leurs devoirs envers le Souverain, doivent jouir d'une parfaite identité de droits et d'une complète égalité devant la loi.

»Le Sultan Abdul-Medjid, Empereur des Ottomans, a déjà, en 1839, par le Hatti-Chérif de Gulhané, reconnu spontanément et inscrit dans la législation de son pays ce même principe, qui a été développé et consacré depuis par ses successeurs, en 1856 et dernièrement encore en 1878, de façon qu'on ne saurait douter qu'il ne se laisse parfaitement concilier avec la loi mahométane.

»Quoique persuadée que l'Illustre Souverain du Maroc est animé, non moins que le Sultan de la Turquie, d'intentions bienveillantes envers ses sujets non-musulmans, la Conférence croirait manquer à un devoir si elle ne témoignait le vif et profond intérêt qu'elle prend à la prompte amélioration de leur sort. A cet effet, la Conférence, au nom des Hautes Puissances représentées dans son sein, fait appel à S. M. Shériffienne afin que, fidèle à Ses sentiments de justice et de générosité, Elle manifeste Sa ferme volonté:

1.° De faire respecter dans Ses États le principe que tous ceux qui y habitent et qui y habiteront à l'avenir pourront professer et exercer sans entraves leurs cultes;

2.° De prescrire à Son Gouvernement, comme base immuable de la législation du Maroc, la maxime déjà adoptée dans le décret du 26 Chaban 1280 et d'après laquelle, ni la religion, ni la race ne pourront jamais être un motif pour établir une différence dans le traitement par et devant la loi entre Ses sujets musulmans et non-musulmans, ni servir de prétexte pour imposer à ces derniers des humiliations, pour les priver d'un droit civil quelconque ou pour les empêcher d'exercer librement toutes les professions et industries qui sont permises aux sujets musulmans de l'Empire.

»Une pareille manifestation non seulement honorerait le règne de S. M. Shériffienne, mais inaugurerait aussi pour Ses États une ère nouvelle de prospérité.

»Les Soussignés, en déposant le présent acte entre les mains de Son Excellence Sid Mohammed Vargas, prient Mr. le Plénipotentiaire du Maroc de le sousmettre à S. M. Shériffienne, qui ne lui refusera certes pas la sérieuse attention que mérite un vœu exprimé au nom des Puissances que les Soussignés ont l'honneur de représenter.

»Madrid, le 26 Juin 1880.»

Ce texte est approuvé par les Plénipotentiaires, à l'exception du Représentant de S. M. Shériffienne, qui ne peut que s'engager à porter à la connaissance de Son Souverain les vœux que les Plénipotentiaires viennent d'exprimer au nom de leurs Gouvernements respectifs.

Sid Mohammed Vargas croit cependant devoir rappeler qu'au Maroc les musulmans, les chrétiens et les juifs suivent leur religion, sans qu'il y soit mis d'empêchement ni d'obstacle.

Le Plénipotentiaire du Maroc n'a pas d'instructions de son Souverain qui lui permettent de traiter cette question ou tout autre qui, comme elle, ne se rattacherait pas directement à l'objet de sa mission à Madrid. Néanmoins, en vue de l'adresse que vient d'adopter la Conférence, il croit devoir lui communiquer une lettre qu'il a reçue de S. M. le Sultan Muley el Hassan, et qui a trait aux juifs ses sujets. Il en donne lecture en ces termes:

«Louange à Dieu unique! Que la bénédiction de Dieu soit sur Mahomet, notre Seigneur et Maître, sur sa famille, et ses compagnons!

»A notre estimé serviteur, le Taleb Mohammed Vargas. Que Dieu te soit propice, et que la paix soit sur toi, ainsi que la bénédiction de Dieu Très-Haut et sa miséricorde.

»Et puis:

»Il est parvenu à Notre connaissance que certains juifs de Nos sujets se sont plaints à plusieurs reprises à leurs frères résidant en Europe et aux Représentants étrangers à Tanger, de ce qu'ils ne parviennent pas à obtenir justice dans leurs réclamations relatives à meurtres, vols, etc. Ils prétendent que les Gouverneurs montrent de l'indifférence à leur faire avoir satisfaction des personnes qui les attaquent, et que leurs demandes n'arrivent jamais à Notre Majesté Shériffienne, si ce n'est par l'entremise de ces personnes (les juifs résidant en Europe et les Représentants étrangers).

»Notre volonté Shériffienne est qu'ils obtiennent justice sans l'intervention des Puissances ni des Représentants, parce qu'ils sont Nos sujets et Nos tributaires, ayant par là les mêmes droits que les musulmans devant Nous, et tout abus contre eux étant défendu par notre religion.

»C'est pourquoi Nous t'ordonnons d'accepter la réclamation de tout juif qui se plaindra de ne pas obtenir justice d'un Gouverneur, et de Nous en donner connaissance lorsque tu ne trouveras pas le moyen d'y faire droit.

»Nous avons envoyé des ordres en ce sens aux Gouverneurs des villes, des ports et de la campagne, afin qu'ils en donnent connaissance aux juifs, et en même temps Nous les avons prévenus que si quelqu'un d'eux s'oppose ou met des difficultés à ce que la plainte d'un juif parvienne à toi, Nous le punirons très sevèrement.

»Nous t'ordonnons de traiter leurs affaires avec toute justice et de ne rien Nous cacher sur l'arbitraire des Gouverneurs à leur égard, car tous les hommes sont égaux pour Nous en matière de justice.

»Le 22 Joumadi premier, an 1297.»

Le Président, donnant acte au Représentant du Maroc de cette communication, constate, au nom de tous les Plénipotentiaires, la vive satisfaction avec laquelle la Conférence accueille les déclarations qui viennent de lui être faites. Les Plénipotentiaires voient dans le principe, qu'elles établissent, d'un appel au Ministre des Affaires Étrangères, à la fois une preuve des sentiments de justice qui animent S. M. Shériffienne à l'égard de ses sujets israélites, et l'annonce du prompt accomplissement des vœux exprimés par la Conférence.

Le Président annonce à la Conférence qu'il a reçu du Gouvernement de Sa Majesté l'Empereur du Brésil une réponse à l'invitation à prendre part à la Conférence, qui lui a été adressée en même temps qu'aux autres Puissances.

Le Gouvernement Impérial, par des motifs indépendants de sa volonté, n'a pu se faire représenter à Madrid en temps utile; mais il est disposé à adhérer, à l'occasion et dans la mesure du possible, aux décisions qui auraient été prises en commun par les Plénipotentiaires.

La Conférence s'ajourne au lundi 28 Juin.

La séance est levée à trois heures.

Signé: Comte Solms.
Comte Ludolf.
Ed. Anspach.
A. Cánovas del Castillo.
Lucius Fairchild.
Jaurès.
L. S. Sackville West.
Greppi.
Mohammed Vargas.
M. de Heldewier.
Comte de Casal Ribeiro.
H. Akerman.

PROTOCOLE N° 13.

SÉANCE DU 28 JUIN 1880.

Etaient présents: MM. les Plénipotentiaires d'Allemagne, Autriche-Hongrie, Belgique, Espagne, États-Unis d'Amérique, France, Grande Bretagne et Danemark, Italie, Maroc, Pays-Bas, Portugal et Suède et Norvége.

La séance est ouverte à une heure.

Le procès-verbal de la séance antérieure est lu et approuvé.

Mr. le Plénipotentiaire d'Italie ne se trouvant pas encore autorisé à accepter la rédaction suggérée pour l'article relatif à la protection irrégulière, le Président propose de revoir la rédaction des articles déjà votés, et de prendre connaissance d'un projet, préparé par les Secrétaires, qui coordonne et groupe les articles.

Cette proposition étant acceptée, le projet de Convention suivant est adopté, après un examen attentif de chaque article, et à l'exception des 16 et 18, réservés:

PROJET DE CONVENTION.

«Les Hautes Parties contractantes, ayant reconnu la nécessité d'établir sur des bases fixes et uniformes l'exercice du droit de protection au Maroc, et de régler certaines questions qui s'y rattachent, ont nommé pour leurs Plénipotentiaires à la Conférence qui s'est réunie à cet effet à Madrid, savoir:............ lesquels, en vertu de leurs pleins pouvoirs, reconnus en bonne et due forme, ont arrêté les dispositions suivantes:

Article premier.

»Les conditions dans lesquelles la protection peut être accordée sont celles qui sont stipulées dans les Traités britannique et espagnol avec le Gouvernement marocain et dans la Convention survenue entre ce Gouvernement, la France et d'autres Puissances en 1863, sauf les modifications qui y sont apportées par la présente Convention.

Art. 2.

»Les Représentants étrangers Chefs de Mission, pourront choisir leurs interprètes et employés parmi les sujets marocains ou autres.

»Ces protégés ne seront soumis à aucun droit, impôt ou taxe quelconque, en dehors de ce qui est stipulé aux articles 12 et 13.

Art. 3.

»Les Consuls, Vice-consuls ou Agents consulaires Chefs de poste qui résident dans les États du Sultan du Maroc, ne pourront choisir qu'un interprète, un soldat et deux domestiques parmi les sujets du Sultan, à moins qu'ils n'aient besoin d'un secrétaire indigène.

»Ces protégés ne seront soumis non plus à aucun droit, impôt ou taxe quelconque, en dehors de ce qui est stipulé aux articles 12 et 13.

Art. 4.

»Si un Représentant nomme un sujet du Sultan à un poste d'Agent consulaire dans une ville de la côte, cet Agent sera respecté et honoré, ainsi que sa famille habitant sous le même toit, laquelle, comme lui-même, ne sera soumise à aucun droit, impôt ou taxe quelconque en dehors de ce qui est stipulé aux articles 12 et 13; mais il n'aura pas le droit de protéger d'autres sujets du Sultan en dehors de sa famille.

»Il pourra toutefois, pour l'exercice de ses fonctions, avoir un soldat protégé.

»Les Gérants des Vice-consulats, sujets du Sultan, jouiront, pendant l'exercice de leurs fonctions, des mêmes droits que les Agents consulaires sujets du Sultan.

Art. 5.

»Le Gouvernement marocain reconnaît aux Ministres, Chargés d'Affaires et autres Représentants le droit qui leur est accordé par les Traités de choisir les personnes qu'ils emploient, soit à leur service personnel, soit à celui de leurs Gouvernements, à moins toutefois que ce ne soient des Cheiks ou autres employés du Gouvernement marocain, tels que les soldats de ligne ou de cavalerie, en dehors des Maghaznias préposés à leur garde. De même ils ne pourront employer aucun sujet marocain sous le coup de poursuites.

»Il reste entendu que les procès civils engagés avant la protection se termineront devant les Tribunaux qui en auront entamé la procédure. L'exécution de la sentence ne rencontrera pas d'empêchement. Toutefois, l'Autorité locale marocaine aura soin de communiquer immédiatement la sentence rendue à la Légation, Consulat ou Agence consulaire dont relève le protégé.

»Quant aux ex-protégés qui auraient un procès commencé avant que la protection eût cessée pour eux, leur affaire sera jugée par le Tribunal qui en était saisi.

»Le droit de protection ne pourra être exercé à l'égard des personnes poursuivies pour un délit ou un crime avant qu'elles n'aient été jugées par les Autorités du pays, et qu'elles n'aient, s'il y a lieu, accompli leur peine.

Art. 6.

»La protection s'étend sur la famille du protégé. Sa demeure est respectée.

»Il est entendu que la famille ne se compose que de la femme, des enfants et des parents mineurs qui habitent sous le même toit.

»La protection n'est pas héréditaire. Une seule exception, déjà établie par la Convention de 1863, et qui ne saurait créer un précédent, est maintenue en faveur de la famille Benchimol.

»Cependant, si le Sultan du Maroc accordait une autre exception, chacune des Puissances contractantes aurait le droit de réclamer une concession semblable.

Art. 7.

»Les Représentants étrangers informeront par écrit le Ministre des Affaires Étrangères du Sultan du choix qu'ils auront fait d'un employé.

»Ils communiqueront chaque année au dit Ministre une liste nominative des personnes qu'ils protègent ou qui sont protégées par leurs Agents dans les États du Sultan du Maroc.

»Cette liste sera transmise aux Autorités locales, qui ne considèreront comme protégés que ceux qui y sont inscrits.

Art. 8.

»Les Agents consulaires remettront chaque année à l'Autorité du pays qu'ils habitent une liste, revêtue de leur sceau, des personnes qu'ils protègent. Cette Autorité la transmettra au Ministre des Affaires Étrangères, afin que si elle n'est pas conforme aux Règlements, les Représentants à Tanger en soient informés.

»L'Officier consulaire sera tenu d'annoncer immédiatement les changements survenus dans le personnel protégé de son Consulat.

Art. 9.

»Les domestiques, fermiers et autres employés indigènes des secrétaires et interprètes indigènes ne jouissent pas de la protection. Il en est de même pour les employés ou domestiques marocains des sujets étrangers.

»Toutefois, les Autorités locales ne pourront arrêter un employé ou domestique d'un fonctionnaire indigène au service d'une Légation ou d'un Consulat, ou d'un sujet ou protégé étranger, sans en avoir prévenu l'Autorité dont il dépend.

»Si un sujet marocain au service d'un sujet étranger venait à tuer quelqu'un, à le blesser ou à violer son domicile, il serait immédiatement arrêté, mais l'Autorité diplomatique ou consulaire sous laquelle il est placé serait avertie sans retard.

Art. 10.

»Il n'est rien changé à la situation des censaux telle qu'elle a été établie par les Traités et par la Convention de 1863, sauf ce qui est stipulé, relativement aux impôts, dans les articles suivants.

Art. 11.

»Le droit de propriété au Maroc est reconnu pour tous les étrangers.

»L'achat de propriétés devra être effectué avec le consentement préalable du Gouvernement, et les titres de ces propriétés seront soumis aux formes prescrites par les lois du pays.

»Toute question qui pourrait surgir sur ce droit sera décidée d'après ces mêmes lois, avec l'appel au Ministre des Affaires Étrangères stipulé dans les Traités.

Art. 12.

»Les étrangers et les protégés propriétaires ou locataires de terrains cultivés, ainsi que les censaux adonnés à l'agriculture, paieront l'impôt agricole. Ils remettront chaque année à leur Consul la note exacte de ce qu'ils possèdent, en acquittant entre ses mains le montant de l'impôt.

»Celui qui fera une fausse déclaration paiera, à titre d'amende, le double de l'impôt qu'il aurait dû régulièrement verser pour les biens non déclarés. En cas de récidive cette amende sera doublée.

»La nature, le mode, la date et la quotité de cet impôt seront l'objet d'un Règlement spécial entre les Représentants des Puissances et le Ministre des Affaires Étrangères de S. M. Shériffienne.

Art. 13.

»Les étrangers, les protégés et les censaux propriétaires de bêtes de somme paieront la taxe dite des portes. La quotité et le mode de perception de cette taxe, commune aux étrangers et aux indigènes, seront également l'objet d'un Règlement spécial entre les Représentants des Puissances et le Ministre des Affaires Étrangères de S. M. Shériffienne.

»La dite taxe ne pourra être augmentée sans un nouvel accord avec les Représentants des Puissances.

Art. 14.

»La médiation des interprètes, secrétaires indigènes ou soldats des différentes Légations ou Consulats, lorsqu'il s'agira de personnes non placées sous la protection de la Légation ou du Consulat, ne sera admise qu'autant qu'ils seront porteurs d'un document signé par le Chef de Mission ou par l'Autorité consulaire.

Art. 15.

»Tout sujet marocain naturalisé à l'étranger, qui reviendra au Maroc, devra après un temps de séjour égal à celui qui lui aura été régulièrement nécessaire pour obtenir la naturalisation, opter entre sa soumission entière aux lois de l'Empire et l'obligation de quitter le Maroc, à moins qu'il ne soit constaté que la naturalisation étrangère a été obtenue avec l'assentiment du Gouvernement marocain.

»La naturalisation étrangère acquise jusqu'à ce jour par des sujets marocains suivant les règles établies par les lois de chaque pays, leur est maintenue pour tous ses effets, sans restriction aucune.

Art. 16.

»Aucune protection irrégulière ne pourra être accordée à l'avenir.

»Cependant, l'exercice du droit consuétudinaire de protection sera réservé au seul cas où il s'agirait de récompenser des services éclatants rendus par un marocain à une Puissance étrangère, ou pour d'autres motifs tout-à-fait exceptionels et particuliers à cette Puissance. La nature des services et l'intention de les récompenser par la protection seront préalablement notifiées au Ministre des Affaires Étrangères à Tanger afin qu'il puisse au besoin présenter ses observations; la résolution définitive restera néanmoins réservée au Gouvernement auquel le service aura été rendu. Le nombre des protégés ainsi créés ne pourra jamais dépasser celui de trois par Puissance.

»La situation des protégés qui ont obtenu la protection en vertu d'usages désormais réglés par les dispositions qui précèdent, sera, pour eux et pour leurs familles, identique à celle établie pour les autres protégés.

Art. 17.

»Le droit au traitement de la Nation la plus favorisée est reconnu par le Maroc à toutes les Puissances représentées à la Conférence de Madrid.

ART. 18.

»Sous réserve de la ratification ultérieure, les dispositions de la présente Convention seront mises en vigueur à partir du jour de la signature.

»Les ratifications seront échangées à Tanger dans le plus bref délai possible.

»En foi de quoi, etc.»

La séance est levée à quatre heures, et la Conférence s'ajourne à la convocation de son Président.

Signé: COMTE SOLMS.
COMTE LUDOLF.
ED. ANSPACH.
A. CÁNOVAS DEL CASTILLO.
LUCIUS FAIRCHILD.
JAURÈS.
L. S. SACKVILLE WEST.
GREPPI.
MOHAMMED VARGAS.
M. DE HELDEWIER.
COMTE DE CASAL RIBEIRO.
H. AKERMAN.

PROTOCOLE N° 14.

SÉANCE DU 30 JUIN 1880.

Étaient présents: MM. les Plénipotentiaires d'Allemagne, Autriche-Hongrie, Belgique, Espagne, États-Unis d'Amérique, France, Grande Bretagne et Danemark, Italie, Maroc, Pays-Bas, Portugal, et Suède et Norvége.

La séance est ouverte à trois heures.

Le procès-verbal de la séance antérieure est lu et approuvé.

L'ordre du jour appelle la discussion de l'article 16 du projet de Convention.

Le Président rappelle que cet article, relatif à la protection irrégulière, qui a été réservé jusqu'à ce moment sur la demande de Mr. le Plénipotentiaire d'Italie, a donné lieu à des difficultés sérieuses, portant principalement sur le nombre des protégés qu'il reconnaît à chaque Puissance en vertu de l'exercice exceptionel de la protection consuétudinaire. Il propose à la Conférence d'adopter pour cet article la rédaction suivante, qui a été suggérée en vue de concilier les exigences de l'Italie et du Maroc, et qui paraît devoir être acceptée par les Plénipotentiaires de ces deux Puissances.

«*Aucune protection irrégulière ni officieuse ne pourra être accordée à l'avenir. Les Autorités marocaines ne reconnaîtront jamais d'autres protections, quelle que soit leur nature, que celles qui sont expressément arrêtées dans cette Convention.*

»*Cependant, l'exercice du droit consuétudinaire de protection sera reservé au seuls cas où il s'agirait de récompenser des services signalés rendus par un marocain à une Puissance étrangère, ou pour d'autres motifs tout à fait exceptionnels. La nature des services et l'intention de les récompenser par la protection seront préalablement notifiées au Ministre des Affaires Étrangères à Tanger, afin qu'il puisse au besoin présenter ses observations; la résolution définitive restera néanmoins réservée au Gouvernement auquel le service aura été rendu. Le nombre de ces protégés ne pourra dépasser celui de douze par Puissance, qui reste fixé comme maximum, à moins d'obtenir l'assentiment du Sultan.*

»*La situation des protégés qui ont obtenu la protection en vertu de la coutume désormais réglée par la présente disposition, sera, pour eux et pour leurs familles, identique à celle qui est établie pour les autres protégés.*»

Le Plénipotentiaire du Maroc observe qu'il devra être entendu que les services signalés dont il est question dans cet article seront particuliers à la Puissance qui les récompense par la protection.

Le Président constate que la Conférence l'entend ainsi.

La Conférence, en vue de l'entente qui s'est établie entre les Plénipotentiaires de l'Italie et du Maroc, adopte l'article 16.

Les Plénipotentiaires procèdent ensuite à l'examen de l'article 18 du projet de Convention, qui a été également réservé.

Le Plénipotentiaire d'Autriche-Hongrie indique que cet article, dont mention provisoire seulement a été faite dans la séance du 28 Juin, devrait faire ressortir que l'application immédiate des dispositions adoptées par la Conférence est autorisée comme mesure d'exception par les Hautes Parties contractantes elles-mêmes.

Sur cette observation du Comte Ludolf, le Plénipotentiaire de Belgique propose de rédiger ainsi que suit l'article 18:

«*La présente Convention sera ratifiée. Les ratifications seront échangées à Tanger dans le plus bref délai possible.*

»*Par consentement exceptionnel des Hautes Parties contractantes, les dispositions de la présente Convention entreront en vigueur à partir du jour de la signature à Madrid.*»

Le Plénipotentiaire d'Autriche-Hongrie déclare accepter cette rédaction, sous la réserve faite par son Gouvernement, que la disposition exceptionnelle dont il s'agit ne devra pas créer un précédent.

Les autres Plénipotentiaires s'associant, au nom de leurs Gouvernements respectifs, à la réserve faite par le Comte Ludolf, la Conférence adopte l'article 18 et dernier.

Le Plénipotentiaire d'Italie croit seulement devoir réserver encore son adhésion formelle: le Gouvernement italien a accepté en effet le principe de cet article, mais s'est réservé de prendre connaissance du texte complet de la Convention avant d'en autoriser la signature par son Représentant.

La Conférence s'ajourne à convocation ultérieure pour la signature de la Convention.

La séance est levée à quatre heures.

Signé: Comte Solms.
Comte Ludolf.
Ed. Anspach.
A. Cánovas del Castillo.
Lucius Fairchild.
Jaurès.
L. S. Sackville West.
Greppi.
Mohammed Vargas.
M. de Heldewier.
Comte de Casal Ribeiro.
H. Akerman.

PROTOCOLE N° 15.

SÉANCE DU 2 JUILLET 1880.

Etaient présents: MM. les Plénipotentiaires d'Allemagne, Autriche-Hongrie, Belgique, Espagne, États-Unis d'Amérique, France, Grande Bretagne et Danemark, Italie, Maroc, Pays-Bas, Portugal, et Suède et Norvége.

La Conférence, convoquée extraordinairement, entre en séance à cinq heures.

Le Président, rappelant que le Plénipotentiaire d'Italie a dû reserver, dans la dernière séance, son adhésion formelle au projet de Convention, afin de permettre à son Gouvernement de prendre connaissance du texte complet, annonce que Mr. le Comte Greppi vient de le prévenir qu'il a une communication à faire à la Conférence.

Le Plénipotentiaire d'Italie prend la parole en ces termes:
«Le Gouvernement italien vient de m'autoriser à signer la Convention, avec la condition, cependant, que j'obtienne de la Conférence une légère modification dans la rédaction du dernier paragraphe de l'article 16. A son avis, le principe de non-rétroactivité en faveur des anciens protégés créés par le droit consuétudinaire, n'est pas suffisamment établi. Par conséquent, j'ai l'honneur de soumettre à la Conférence la redaction suivante du paragraphe en question:

«*La situation des protégés qui ont obtenu la protection en vertu de la coutume désormais réglée par la présente disposition sera, sans limitation du nombre pour les protégés actuels de cette catégorie, identique, pour eux et pour leurs familles, à celle qui est établie pour les autres protégés.*»

Les Plénipotentiaires constatent que l'addition qui vient d'être proposée rentre dans le sens de l'article, tel qu'ils l'ont toujours entendu.

Néanmoins, la Conférence est disposée, par déférence envers le Gouvernement italien, à accepter la rédaction qu'il a télégraphié à son Représentant.

Le Plénipotentiaire du Maroc demande que le sens de ces mots, «sans limitation du nombre», soit mieux établi.

La Conférence entend que la nouvelle rédaction, comme l'ancienne, signifie que le nombre des protégés de cette catégorie qui figurent actuellement sur les listes ne pourra pas être réduit par des radiations.

L'article 16 est définitivement adopté, dans les termes demandés par Mr. le Comte Greppi au nom du Gouvernement italien.

La Conférence s'ajourne au lendemain 3 Juillet pour la signature de la Convention.

La séance est levée à six heures; le présent protocole, rédigé séance tenante, ayant été approuvé.

Signé: Comte Solms.
Comte Ludolf.
Ed. Anspach.
A. Cánovas del Castillo.
Lucius Fairchild.
Jaurès.
L. S. Sackville West.
Greppi.
Mohammed Vargas.
M. de Heldewier.
Comte de Casal Ribeiro.
H Akerman.

PROTOCOLE N° 16.

SÉANCE DU 3 JUILLET 1880.

Etaient présents: MM. les Plénipotentiaires d'Allemagne, Autriche-Hongrie, Belgique, Espagne, États-Unis d'Amérique, France, Grande Bretagne et Danemark, Italie, Maroc, Pays-Bas, Portugal, et Suède et Norvége.

La seizième et dernière séance de la Conférence est ouverte à onze heures.

Le Président invite les Plénipotentiaires à vouloir bien procéder à la signature de la Convention.

Mr. le Plénipotentiaire d'Allemagne prend la parole en ces termes:

«Au moment de nous séparer, nous avons encore à remplir un devoir, et je dois ajouter un devoir des plus agréables.

»La Conférence a été menée à bonne fin, et si nous avons pu remplir notre tâche, nous devons cet heureux résultat principalement à l'esprit d'impartialité et de conciliation avec lequel notre honorable Président a dirigé nos travaux.

»Je sais combien ce sentiment est partagé par tous les Représentants réunis en Conférence, et je peux donc me permettre de m'en faire l'interprète en exprimant à Son Excellence Mr. Cánovas del Castillo nos remerciements les plus sincères et notre entière gratitude.»

Le Plénipotentiaire du Maroc demande à s'associer d'une façon toute spéciale, et comme Représentant de la Partie la plus intéressée, au vote de remerciements qui vient d'être adopté.

Mr. Cánovas del Castillo répond:

«C'est à moi, Messieurs, à vous adresser des remerciements pour le bienveillant concours que vous avez bien voulu me prêter pendant toute la durée de nos travaux. Sans lui il m'eût été impossible de remplir ma tâche. Croyez, Messieurs, à ma reconnaissance, et permettez-moi d'espérer en même temps que vous garderez toujours un bon souvenir de nos discussions si loyales et si amicales.»

La Conférence procède à la signature des treize exemplaires de la Convention.

Les Plénipotentiaires signent également l'adresse à S. M. le Sultan du Maroc qui a été adoptée dans la séance du 26 Juin.

Le Président reprend la parole en ces termes:

«Messieurs: Les travaux de la Conférence sont terminés.

»Mon dernier devoir serait de remercier le Secrétariat, au nom de la Conférence, pour le zèle et l'intelligence dont il a fait preuve, en étendant également nos remerciements à Messieurs les Interprètes.

»Permettez-moi pourtant de dire quelques mots encore sur la Conférence elle-même. Les difficultés de toute nature qui ont provoqué notre réunion ne seront pas, sans doute, aplanies tout à coup par nos résolutions. Mais en acceptant pour règle générale le principe de non-rétroactivité nous avons compté avec le temps, et lui avons laissé une part dans l'amélioration des circonstances actuelles.

»Nous avons fixé des limites à tous les droits reconnus, pour remédier aux inconvénients et aux abus possibles de l'arbitraire.

»Nous avons admis en matière d'impôt, et pour d'autres questions encore, des solutions qui augmenteront considérablement les ressources du Sultan du Maroc, et qui contribueront à fortifier de plus en plus son autorité dans toute l'étendue de son vaste Empire.

»Nous avons, enfin, appelé sérieusement son attention, au nom des Puissances que nous réprésentons, sur les nécessités, religieuses et civiles, de ses sujets, en vue d'obtenir de l'exercice de son autorité vigoureuse et raffermie, des améliorations dans des questions qui touchent de près à l'humanité et à la civilisation. On nous devra la justice de reconnaître, plus spécialement sur ce dernier point, que, si nous n'avons pas, dès à présent, tout réalisé, nous avons du moins fait tout ce que les circonstances rendaient possible.»

Le procès-verbal ayant été rédigé et approuvé séance tenante, les Plénipotentiaires se séparent à midi.

Signé: Comte Solms.
Comte Ludolf.
Ed. Anspach.
A. Cánovas del Castillo.
Lucius Fairchild.
Jaurès.
L. S. Sackville West.
Greppi.
Mohammed Vargas.
M. de Heldewier.
Comte de Casal Ribeiro.
H. Akerman.

DOCUMENTS ANNEXÉS.

ANNEXES.

I

CONFÉRENCE DE TANGER (1879).

A cette Conférence assistaient: Mr. le Ministre d'Allemagne.—Mr. le Ministre de Belgique, représentant aussi la Suède et la Norvége.—Mr. le Ministre d'Espagne.—Mr. le Consul général des États-Unis d'Amérique.—Mr. le Ministre de France.—Mr. le Ministre de la Grande Bretagne, représentant également l'Autriche-Hongrie, le Danemark et les Pays-Bas.—Mr. le Ministre d'Italie.—Mr. le Chargé d'Affaires de Portugal, représentant aussi le Brésil.

RÉSUMÉ DES PROCÈS VERBAUX APPROUVÉ PAR MM. LES REPRÉSENTANTS *.

DEMANDES PRÉSENTÉES PAR SID MOHAMMED VARGAS, MINISTRE DES AFFAIRES ÉTRANGÈRES DU MAROC.	OBSERVATIONS DE MM. LES REPRÉSENTANTS.
NUMÉRO 1. Les conditions dans lesquelles la protection peut être accordée sont celles stipulées par les articles spéciaux des Traités conclus par les Gouvernements britannique et espagnol avec le Gouvernement marocain et de la Convention intervenue entre ce Gouvernement, la France et d'autres Puissances en 1863.	

* Cette pièce reproduit le texte de Tanger, sauf quelques modifications de forme qui ont paru indispensables.

Numéro 2.

L'art. 3 des Traités anglais et espagnol contient ceci: Le susdit Représentant choisira son interprète et ses employés parmi les sujets marocains, arabes ou autres. Ceux-ci ne seront soumis à aucun droit, impôt ou taxe quelconque.

Numéro 3.

Les Consuls dans les villes de la côte ne pourront choisir qu'un interprète, un soldat et deux domestiques parmi les sujets du Sultan.

Ceux-ci ne seront non plus soumis à aucun droit, impôt ni taxe quelconque.

Acceptée unanimement, à condition que l'on ajoute: «Vice-Consuls ou Agents consulaires Chefs de poste.»

Numéro 4.

Si un Représentant nomme un sujet du Sultan à un poste d'Agent consulaire dans un port de la côte, cet Agent sera respecté et honoré, ainsi que sa famille habitant sous le même toit, laquelle, comme lui, ne sera soumise à aucun droit, impôt ni taxe quelconque; mais il n'aura pas le droit de protéger d'autres sujets du Sultan en dehors de sa famille.

Acceptée par les Représentants de Belgique (Suède et Norvége),— Espagne,— France,— Grande Bretagne (Autriche-Hongrie, Danemark et Pays-Bas.

Le Ministre d'Allemagne accepte de même tout en observant qu'il croit désirable qu'on accorde à l'Agent consulaire indigène le droit d'avoir un soldat protégé s'il en a besoin pour l'exercice de ses fonctions.

Le Représentant des États-Unis *ad referendum.*

Le Ministre d'Italie accepte. Il est du même avis que le Ministre d'Allemagne, et propose d'ajouter un secrétaire ou interprète.

Le Chargé d'Affaires de Portugal soumettra la demande à son Gouvernement.

Numéro 5.

Le Gouvernement marocain reconnait aux Ministres, Chargés d'Affaires et autres Représentants le droit qui leur est accordé par les Traités de choisir les personnes qu'ils emploient, soit à leur service personnel, soit à celui de leurs Gouvernements, à moins toutefois que ce ne soient des Cheiks ou autres em-

Acceptée à condition que les mots «des gens poursuivis» soient remplacés par «aucun sujet marocain sous le coup de poursuites».

ployés du Gouvernement marocain, tels que les soldats de ligne ou de cavalerie, en dehors des Maghaznias préposés à leur garde. De même ils ne pourront employer des gens poursuivis.

Numéro 6.

Les Représentants étrangers informeront par écrit le Ministre des Affaires Étrangères du Sultan, du choix qu'ils auront fait d'un employé: sa réponse en acceptant le fait sera la confirmation règlementaire de la protection. Toutefois, tout en acceptant cette protection, le Gouvernement marocain demande qu'elle ne soit pas étendue à des personnes poursuivies pour un délit ou un crime, avant qu'elles n'aient été jugées par les Autorités du pays, et sans que personne puisse y faire opposition.

Acceptée à condition qu'après les mots «Autorités du pays», on ajoute «et qu'elles n'aient, s'il y a lieu, accompli leurs peines».

A propos de ce membre de phrase, d'ailleurs inutile, «sa réponse en acceptant le fait sera la confirmation règlementaire de la protection», Mr. le Ministre de France observe que son Gouvernement ne saurait admettre la prétention émise par le Gouvernement marocain de faire considérer sa réponse à la notification des listes de protégés comme la confirmation règlementaire de la protection accordée, alors que tous les Traités laissent aux Représentants la plus grande liberté dans le choix de leurs protégés.

Mr. le Ministre d'Espagne fait la même observation.

Numéro 7.

D'après les Traités et Conventions, la protection s'étend sur la famille du protégé et sa demeure est respectée; mais il est évident que la famille ne doit se composer que de la femme, des enfants et de certains parents mineurs qui habitent sous le même toit. Quelques personnes l'ayant étendue davantage, le Gouvernement marocain demande qu'elle soit limitée à ces individus.

La protection n'est point héréditaire.

Acceptée par les Représentants d'Allemagne,—Belgique (Suède et Norvége),—Espagne,—États-Unis,—Grande Bretagne (Autriche-Hongrie, Danemark et Pays-Bas),—et par le Ministre de France, sous la réserve de l'exception en faveur de la famille Benchimol, spécifiée dans la Convention de 1863.

Acceptée par le Ministre d'Italie, en exceptant la famille Toledano.

Le Chargé d'Affaires de Portugal et du Brésil accepte aussi, en réservant son droit à une exception analogue à celles faites par les autres Représentants.

Le Ministre d'Espagne n'accepte pas cette demande du moment où l'on admet des exceptions qui annullent de fait la stipulation.

Numéro 8.

Les Représentants présenteront chaque année une liste nominative des personnes qu'ils protègent ou qui sont protégées par leurs Agents dans les ports. Cette liste sera transmise aux Autorités locales: celles-ci ne devront considérer comme protégés que ceux qui y seront inscrits.

Acceptée unanimement.

Mr. le Ministre d'Allemagne a été chargé d'arrêter avec Sid Mohammed Vargas un formulaire qui a été unanimement approuvé.

Numéro 9.

Il ne sera accordé aux Consuls que le nombre de protégés stipulé dans les Traités, à moins toutefois qu'ils n'aient besoin d'un secrétaire arabe.

Acceptée par les Représentants d'Allemagne,—Belgique (Suède et Norvége),—Espagne,—Etats-Unis,—Grande Bretagne (Autriche-Hongrie, Danemark et Pays-Bas),—Italie—et Portugal.

Le Ministre de France accepte, sauf à observer que le Traité français de 1767, pas plus que le Règlement de 1863, n'a limité à un nombre déterminé le droit de protection accordé aux Agents consulaires.

Le Ministre d'Espagne déclare qu'en vue de l'observation faite par Mr. le Ministre de France, il n'accepte cette demande que conditionnellement, c'est-à-dire, qu'il l'acceptera seulement dans le cas où le Gouvernement marocain lui donnera la garantie que la France, par suite de ses Traités, n'étendra pas la protection au delà des limites fixées dans la demande dont il est question.

Numéro 10.

L'Officier consulaire sera tenu d'annoncer les changements survenus dans le personnel de son Consulat. Les Agents remettront chaque année à l'Autorité du pays qu'ils habitent une liste, revêtue de leur sceau, des personnes qu'ils protègent. Cette Autorité la transmettra au Ministre des Affaires Étrangères, afin que si elle n'est pas conforme aux Règlements, les Chefs de Mission à Tanger en soient informés.

Acceptée à l'unanimité.

Les Chefs de Mission contrôleront les listes de leurs protégés sur la côte, et les remettront à Sid Mohammed Vargas afin que par son entremise elles soient envoyées aux Autorités locales.

Numéro 11.

Les Gérants des Vice-Consulats, sujets du Sultan, n'auront pas le droit de protéger leurs employés, à moins que ceux-ci ne soient leurs parents.

Acceptée unanimement, à condition de remplacer les mots «Gérants des Vice-Consulats» par les mots «Agents consulaires sujets du Sultan»: mais les Représentants déclarent que par «parents» on doit entendre la femme, les enfants et tout mineur habitant sous le même toit, ainsi que l'établit la demande numéro 7.

Numéro 12.

Les domestiques, employés ou fermiers des interprètes et des secrétaires arabes ne jouissent pas de la protection.

Acceptée avec la rédaction: «Les domestiques, fermiers et autres employés indigènes des secrétaires et interprètes indigènes ne jouissent pas de la protection.»

Numéro 13.

Les employés ou domestiques des sujets étrangers ne sont pas protégés. Toutefois les Autorités locales ne pourront arrêter un employé ou domestique d'un fonctionnaire indigène d'une Légation ou d'un sujet ou protégé, sans en avoir prévenu l'Autorité dont il dépend. Si un sujet marocain au service d'un sujet étranger vient à tuer quelqu'un, à le blesser ou à violer son domicile, il sera immédiatement arrêté, et l'Autorité dont il dépend avertie sans retard.

Acceptée avec la rédaction du Ministre de France:

«Les employés ou domestiques marocains des sujets étrangers ne sont pas protégés. Toutefois les Autorités locales ne pourront arrêter un employé ou domestique d'un fonctionnaire indigène au service d'une Légation, d'un Consulat ou d'un sujet ou protégé étranger, sans en avoir prévenu l'Autorité dont il dépend. Si un sujet marocain au service d'un sujet étranger venait à tuer quelqu'un, à le blesser ou à violer son domicile, il sera immédiatement arrêté, mais l'Autorité diplomatique ou Consulaire sous laquelle il est placé sera avertie sans retard.»

MM. les Représentants décident que des listes nouvelles, conformes aux paragraphes 12 et 13, soient remises à Sid Mohammed Vargas.

NUMÉRO 14.

Il en sera de même pour les censaux.

NUMÉRO 15.

La protection s'étend sur les biens qui se trouvent entre les mains des tiers et qui sont exempts de tous droits. Les censaux devront payer la taxe personnelle, et leur biens, troupeaux et marchandises seront soumis à l'impôt. Ils ne seront pas arrêtés pour blessures ou violation de domicile, à moins qu'il n'y ait flagrant délit, sans que le Consul ait été averti. Celui-ci pourra, si bon lui semble, suivre la procédure des Autorités compétentes. Tout jugement contre un censal sera rendu dans le lieu de la résidence de son Consul, ou à Tanger, si les Représentants le désirent.

NUMÉRO 16.

Les agents des négociants sur la côte ou dans l'intérieur se muniront d'une lettre de recommandation pour les Autorités locales, afin que les intérêts de leurs mandataires soient sauvegardés et protégés.

Propositions de Mr. le Ministre de la Grande Bretagne:

Le Ministre de la Grande Bretagne soumet à ses collègues des propositions relatives au traitement des agents des négociants, au lieu des demandes 14, 15 et 16 de Sid Mohammed Vargas.

1. Les agents indigènes des négociants seront choisis parmi le habitants des villes ou des ports, et non parmi les habitants des villages de l'intérieur.

2. Tout agent indigène de négociant sera muni d'un document en langue européenne et arabe, délivré par la Légation de la Nation à laquelle appartient le négociant qui l'emploie.

3. Un décret Shériffien sera publié ordonnant aux Gouverneurs, Cheiks ou autres Autorités de ne pas molester les personnes munies de ces documents, ni de se mêler de leurs affaires.

4. Si un agent est accusé de meurtre et arrêté, aucune peine ou emprisonnement ne lui sera infligé par l'Autorité de l'intérieur qui l'aura arrêté.

5. Un inventaire de toute propriété mobilière ou immobilière appartenant à l'agent arrêté, et de toute propriété en sa possession appartenant au négociant qui l'emploie, sera dressé par les Notaires publics, en présence du Gouverneur, et une copie en sera envoyée au Gouverneur et au Consul du port où réside le négociant, et le Gouverneur de l'intérieur sera responsable de la sûreté de cette propriété.

6. L'individu arrêté sera envoyé à Tanger ou au port où réside le négociant qui l'emploie, pour être jugé par un Tribunal compétent en présence du Consul de la Nation qui protège le négociant.

7. S'il est trouvé coupable dans l'opinion du Consul et des Autorités marocaines, l'agence lui sera retirée, et

il sera remis entre les mains des Autorités marocaines, aux fins de justice.

8. S'il est reconnu innocent, l'affaire sera portée à la connaissance du Sultan par le Représentant ou les Représentants étrangers, et le Gouverneur ou Cheik qui aura porté la fausse accusation sera puni, et tous les frais et dépenses occasionnés au défendant seront payés par le Gouverneur ou Cheik qui l'aura fait arrêter.

Si les Autorités marocaines et le Consul ne tombent pas d'accord sur la sentence contre un agent, un appel sera fait au Ministre des Affaires Étrangères par l'entremise du Représentant étranger.

9. Les agents des négociants ne pourront être arrêtés par les Autorités marocaines pour des offenses ou des cas de litige civil, mais ces cas seront portés, par le Gouverneur de la ville ou du district de l'intérieur, à la connaissance du Gouverneur de la ville où habite le négociant, ou bien à Tanger, et le procès sera jugé devant un Officier consulaire, et un appel sera fait, si la sentence n'est pas approuvée, au Ministère des Affaires Étrangères à Tanger.

10. Les censaux ou agents paieront les taxes selon le tarif, par l'entremise du Consul du négociant qui les emploie, et ils seront exempts de toute amende ou imposition arbitraire des Gouverneurs ou Cheiks.

11. Ces Règlements seront mis en vigueur pendant une année à titre d'essai, et au cas où ils seraient trouvés insuffisants l'on remettra en vigueur l'arrangement français de 1863, ou même des Règlements plus sévères.

Numéro 17.

Les sujets des Puissances étrangères et les protégés qui s'occupent d'agriculture paieront les droits auxquels seront soumis les récoltes et les troupeaux. Ils remettront chaque année à leur Consul la note exacte de ce qu'ils

Acceptée, à condition que la nature, le mode, la date et la quotité des impôts seront préalablement fixés par un tarif arrangé entre le Gouvernement marocain et les Représentants, et qu'un arrangement ou une Convention, sem-

possèdent, en acquittant entre ses mains le montant de l'impôt. Celui qui fera une fausse déclaration perdra tout ce qu'il n'aura pas déclaré.

blable à celles qui existent avec le Turquie, l'Egypte et la Tunisie, reconnaissant le droit de propriété aux européens, soit conclue avec le Gouvernement marocain. Dans ce cas les Représentants admettront que l'achat de propriétés doit être effectué avec le consentement préalable du Gouvernement, et que les titres de ces propriétés soient faits dans les formes prescrites par les lois du pays, et que toute question qui pourrait surgir sur ces droits soit décidée d'après les lois du pays avec l'appel stipulé dans les Traités, c'est-à-dire, au Ministre des Affaires Étrangères. Les Représentants déclarent que les agents indigènes des négociants, les employés des Légations, et les Consuls ou employés des Consulats paieront les impôts de la même manière que les sujets étrangers.

Le Ministre d'Espagne ne subordonne pas l'acceptation de cette demande à la condition de faire avec le Gouvernement marocain une Convention semblable à celles qui existent avec la Turquie, l'Egypte et la Tunisie au sujet du droit de propriété pour les européens; car, d'abord, le droit de propriété pour les espagnols au Maroc est reconnu et réglé par le Traité de 1861, et le Ministre d'Espagne n'a pas d'instructions pour demander une modification de ce Traité; et, en outre, la demande de Sid Mohammed Vargas ne se rapporte pas à l'impôt foncier proprement dit, mais seulement à l'industrie agricole.

Mr. le Ministre d'Italie propose qu'une première contravention ne soit punie que par l'amende du quart de la valeur non déclarée.

Les Représentants étrangers acceptent, en outre, la demande présentée par Sid Mohammed Vargas en Mars 1877, tendant à ce que les étrangers propriétaires de bêtes de somme paient les impôts dits Portes, à la condition qu'un tarif équitable règlera la quotité de la taxe et le mode de perception, et que la taxe ne puisse être augmentée par la suite sans un nouvel arrangement.

Numéro 18.

Le Gouvernement marocain fait remarquer le préjudice considérable occasionné aux Autorités locales, Gouverneurs et Kadis, à Tanger et dans les autres ports, par l'intervention ou la médiation des interprètes, secrétaires arabes ou soldats des différentes Missions ou Consulats, dans des cas où il s'agit de personnes qui ne sont pas proprement sous la protection de la Mission ou du Consulat. Il est bien connu qu'ils en retirent un avantage en recevant des présents, en espèce ou en nature, pour prix de leur service.

Les Autorités sont portées à croire que ces personnes sont envoyées sur le désir du Chef de Mission; elles acceptent cette intervention, elles sont influencées dans leurs jugements, et ne font pas toujours justice aux innocents.

En conséquence, les Autorités seront invitées à ne pas admettre à l'avenir de telles interventions. Le Gouvernement demande aux Représentants étrangers de donner les ordres nécessaires à leurs interprètes, secrétaires arabes et soldats respectifs pour qu'ils s'abstiennent de cette intervention ou médiation irrégulière.

S'il arrivait qu'un Représentant étranger dût faire un appel officieux à une Autorité marocaine et user de ses bons offices en faveur d'un sujet du Sultan, il devra s'adresser au Ministre des Affaires Étrangères; ou, si la démarche était faite par son interprète ou secrétaire, cet employé sera muni d'un document quelconque, signé par le Chef de Mission, et prouvant que l'intervention est faite *bonâ fide*, avec sa connaissance et son approbation, et non spontanément par le porteur.

Cette demande à été déjà acceptée par MM. les Représentants étrangers par une lettre adressée à Sid Mohammed Vargas le 10 Août 1877.

Numéro 19.

Le Gouvernement marocain appelle l'attention des Représentants sur un fait contraire à tous les usages, et qui n'est pas toléré par d'autres Gouvernements. Certains sujets marocains, après avoir séjourné pendant quelque temps à l'étranger, retournent dans leur pays munis de patentes de nationalité, déclarent qu'ils ne sont plus sujets marocains, et, se considérant comme appartenant à la Puissance qui leur a accordé la naturalisation, refusent désormais de se soumettre aux lois du pays. Le Gouvernement marocain ne peut pas admettre qu'il puisse en être ainsi; ses sujets pourront jouir, à leur gré, de la naturalisation à l'étranger; mais, de retour dans leur pays natal, ils ne peuvent se soustraire à l'autorité du Sultan, ni à la juridiction de son Gouvernement.

Le Gouvernement prie les Représentants de vouloir bien examiner cette question, et de faire connaître leur avis sur ce point.

Lettre de Sid Mohammed Vargas relative aux sujets marocains naturalisés à l'étranger.

(18 Février)

«Nous avons appelé votre attention il y a environ deux ans sur la question des passeports délivrés à des individus qui se font naturaliser dans des pays étrangers et y restent quelque temps, puis, quand ils reviennent, déclarent être les sujets des pays où ils ont résidé, et prétendent que le Gouvernement n'a aucun droit sur eux.

»De plus, ils sont insolents avec le peuple.

Les Représentants d'Allemagne, — Belgique, — Espagne, — Grande Bretagne (Autriche-Hongrie, Danemark, et Pays-Bas) acceptent.

Le Représentant des États-Unis déclare que son Gouvernement l'a autorisé à protéger les sujets marocains naturalisés tant qu'une Puissance quelconque soutiendra ce droit envers les mêmes sujets naturalisés par elle, et cela en vertu du privilège de la Nation la plus favorisée octroyé aux États-Unis; et il déclare de plus que tout privilège reconnu par le Maroc à une Puissance quelconque sera considéré comme octroyé aux États-Unis.

Mr. le Ministre d'Allemagne fait observer que la Turquie en 1860 a déclaré, comme le Maroc vient de le faire, et confirmé par une loi du 19 Janvier 1869, que tout sujet ottoman naturalisé étranger perdrait cette qualité en revenant en Turquie, et que cette déclaration a été acceptée par toutes les Puissances.

Mr. le Ministre d'Espagne dit qu'il ne s'agit pas d'une demande du Gouvernement marocain, mais d'une loi que le Sultan a le droit de donner à ses sujets. Le Sultan dit: «Mes sujets seront ce qu'ils voudront à l'étranger, mais dès qu'ils reviennent dans mes États ils perdent leur nationalité étrangère.» C'est là un droit de souveraineté et un principe d'indépendance du Sultan qu'on doit respecter.

Le Ministre de France trouve justes les plaintes du Gouvernement marocain, mais tout en admettant qu'il a le droit de faire chez lui les lois qu'il juge à propos, il croit qu'il ne peut pas sans le consentement de chaque Gouvernement étranger changer les lois de naturalisation qui existent dans un autre pays. La demande numéro 19 pourrait mettre le Gouvernement français en contradiction avec sa législation intérieure, qui n'a pas prévu le cas où des

»Ces actes irréguliers augmentent toujours et causent de graves préjudices.

»Plusieurs des Représentants étrangers ont reconnu nos droits en cela, et d'autres nous ont dit qu'ils en référaient à leurs Gouvernements, mais jusqu'à présent nous ne savons pas ce qui en est résulté.

»Notre Maître le Sultan nous a ordonné d'apporter tous nous soins à faire cesser un état de choses qui nous est si préjudiciable. Sa Majesté a appris que des juifs marocains, ainsi que des musulmans, se rendent dans différents pays étrangers et en rapportent des documents qu'ils appellent des passeports de naturalisation, et ils refusent à cause de cela de se soumettre aux lois du pays; ils se conduisent d'une manière inconvenante et mettent en avant des réclamations injustes. Comme nous l'avons dit plus haut, ces abus augmentent, et sont devenus un scandale public.

»Cela fait grand tort au Gouvernement, ces gens ayant même insulté quelques Gouverneurs administrant la justice dans leurs tribunaux, et ne mettant pas de fin à leurs mauvais procédés.

»Ces gens vont et viennent avec des lettres de naturalisation et se montrent arrogants envers les personnes de considération, et surtout avec ceux qui n'ont pas des moyens.

»Tout cela cause beaucoup de mal et ne peut être toléré plus longtemps.

»Le Sultan pense que les Représentants des Puissances amies reconnaîtront les dits préjudices, ne doutant pas que tous désirent la prospérité de son Empire et qu'ils tâcheront de faire cesser toute cause de désagrément entre son Gouvernement et les leurs, surtout quand il est dans son droit.

»Sa Majesté nous a donné ordre de ne pas recevoir ceux qui sont porteurs de tels documents, tant mahométans que juifs, à moins qu'ils se soumettent aux lois du pays et soient reconnus comme sujets du Sultan, et paient les impôts sans que personne ne s'y oppose, selon les lois et règles établies dans notre pays, naturalisés français viendraient se fixer après leur naturalisation dans leur patrie d'origine.

Le Gouvernement français est d'ailleurs disposé à étudier la question de concert avec les autres Puissances.

Le Ministre d'Italie communiquera la demande de Sid Mohammed Vargas à son Gouvernement, en s'abstenant de la discuter ici.

Le Chargé d'Affaires de Portugal et du Brésil n'accepte pas la demande numéro 18, et ne peut retirer la protection à laquelle ont droit les étrangers naturalisés portugais aux termes des lois de son pays. Mais son Gouvernement est disposé à sévir contre ceux qui auraient éludé les dispositions légales.

Il déclare que si le Gouvernement marocain rejette quelque réclamation de sa part, il protestera contre ce refus et en rendra compte à qui de droit. Il ne comprend pas pourquoi le Gouvernement marocain hésite à permettre aux indigènes naturalisés de retourner et résider au Maroc. Il croit qu'ils seront utiles aux intérêts du commerce et au développement de l'industrie.

Il fait les mêmes déclarations quant aux naturalisés brésiliens.

et auxquelles tout habitant indigène doit se soumettre.

›Chaque État a ses lois et tous les sujets doivent les respecter.

›Nous vous communiquons ceci pour que vous soyez avertis.›

Lettre de Sid Mohammed Vargas au sujet de l'ingérence des Consuls dans les Tribunaux marocains.

(18 Février.)

‹Nous profitons de cette occasion pour appeler votre attention sur les procédés des différents Consuls vis-à-vis des Tribunaux marocains. Quant ils envoient une plainte contre un sujet marocain de la part d'un de leurs nationaux ou d'un protégé, ils ne demandent pas que le Gouverneur examine l'affaire en prenant des témoignages pour faire droit à leur réclamation après avoir vérifié si elle est juste ou non, mais ils requièrent une amende, soit l'emprisonnement ou même des coups de bâton, et quand on arrête l'accusé, ils demandent qu'il ne soit pas relâché sans leur consentement.

›Cette manière de préjuger ou d'intervenir dans les affaires déférées aux Tribunaux est contraire, nous n'en doutons pas, aux intentions de vos Gouvernements et aux vôtres également.

›Nous ne pouvons plus admettre ni accorder des demandes comme celles que nous venons de mentionner; en conséquence, nous avons l'intention d'écrire aux Gouverneurs de ne plus accueillir de telles démarches. Dans le cas où un Gouverneur se refuserait à faire justice selon la manière de voir du Consul, il pourra en être référé par l'intermediaire du Représentant de la Nation au Ministre des Affaires Étrangères, suivant les Traités.›

Les Représentants trouvent juste cette demande, et donneront des ordres conformes aux Consuls de leur ressort, mais ils répondront séparément à la lettre de Sid Mohammed Vargas.

Lettres de Sid Mohammed Vargas relatives à l'étendue et aux limites de la protection donnée par les Représentants étrangers.

(18 Février.—Extrait.)

«Vous n'ignorez pas que ces affaires (de protection) causent de grands préjudices aux droits et à l'indépendance du Sultan et de son Gouvernement, et que nous attendons toujours les réponses de vos Gouvernements à ce sujet.

»Le Sultan désire que la manière de procéder dans la protection soit d'accord à l'avenir avec les stipulations des Traités, et que chacun reste dans les limites de ses droits, c'est-à-dire, qu'on élimine des listes de protection tous ceux qui ne sont pas employés par vous, conformément aux Traités, et ceux qui ne sont pas au service des Gouvernements, ainsi que les fermiers et les autres personnes de cette catégorie, principalement les propriétaires et autres personnes riches qui ne sont pas employés et n'ont pas besoin d'emploi par leur situation de fortune, et auxquels on donne la protection contrairement au droit, et qui refusent de payer les impôts à notre Maître.

»Le Sultan désire que les Règlements et les Traités ne soient pas enfreints. Quand on aura supprimé ce que nous avons indiqué dans les listes de protection et que les éliminations seront faites conformément à notre demande, le Gouvernement marocain sera tout disposé à donner par écrit des garanties pour qu'aucune injustice ou acte arbitraire ne soit commis envers ceux qui étaient inscrits sur les listes de protection jusqu'à présent et qui ont été éliminés selon notre demande et en conformité avec les Traités, et si ces personnes commettent des actes contraires à la loi ou aux règles du pays, le Consul sous la protection duquel elles

Les Représentants d'Allemagne,— Belgique (Suède et Norvége), — Espagne,— États-Unis, — France, — Grande Bretagne — (Autriche-Hongrie, Danemark et Pays-Bas),—et Portugal (Brésil), trouvent justes et acceptent les demandes de Sid Mohammed Vargas.

Adhérant à son désir, ils consentent à se rendre chez lui afin de présenter les listes de leurs protégés dans tout l'Empire, en spécifiant les noms, les lieux de résidence des protégés, ainsi que la nature de leurs emplois, d'après la formule uniforme qu'ils ont approuvée, et que le Ministre d'Allemagne avait été chargé d'arrêter avec Sid Mohammed Vargas. Ils prieront Sid Mohammed Vargas d'inviter les Gouverneurs sur la côte à lui envoyer copie des listes qui leur sont remises par les Consulats respectifs, afin de les confronter avec celles données par les différentes Missions à Tanger.

Le Ministre d'Italie présente quelques considérations sur l'état du Maroc et les causes de sa décadence. Il ne croit pas que la protection donnée aux indigènes porte tort au Gouvernement marocain.

Il calcule qu'il n'y a que 563 protégés, non compris leurs familles, dans tout l'Empire.

Il déclare :

1. Qu'il ne renoncera pas au droit acquis par un usage séculaire, de protéger des sujets marocains en dehors des employés indigènes des Légations et des Officiers consulaires.

2. Qu'il maintiendra les protégés qui ont été inscrits sur les registres de la Légation d'Italie, attendu, dit-il, qu'une loi n'a pas d'effet rétroactif.

étaient placées auparavant, sera averti pour qu'il puisse être présent quand l'affaire sera jugée par le Tribunal, afin de constater qu'on ne fait pas d'injustice.

»Quant à ceux qui auraient un procès commencé avant qu'on leur ait enlevé la protection, leur affaire sera jugée par le Tribunal qui en était saisi.

»Nous sommes persuadés que vos Gouvernements et vous-mêmes reconnaîtrez la justice de notre demande.»

(12 Avril)

«Nous sommes informés que vous continuez à délibérer sur les questions de protection, et que vous faites tout ce qui dépend de vous pour arriver à une prompte solution.

»Nous vous en remercions et vous prions, quand vous cesserez de vous réunir et que vous vous serez mis d'accord sur toutes les questions, de vouloir bien ne pas en référer à vos Gouvernements respectifs avant de vous être réunis chez nous, pour nous faire connaître ce dont vous serez convenus et pour que nous vous communiquions notre avis et les observations que nous avons à présenter, afin que vous puissez alors les prendre en considération et en referer ensuite à vos Gouvernements au sujet des résolutions que vous avez prises.

»Nous prions aussi Messieurs les Représentants qui n'ont pas encore remis des listes de sujets du Sultan sous leur protection dans tout l'Empire pareilles à celles qui nous ont été présentées pour Tanger, de nous les envoyer, en mentionnant le nom et le lieu de résidence de chaque protégé, ainsi que la nature de son emploi. Nous leur en serons reconnaissants.»

Il demandera cependant à son Gouvernement de renoncer aux protégés inscrits depuis l'année 1871 déclarant que parmi les protégés antérieurs à cette date sont d'anciens Vice-Consuls ou interprètes qui ont rendu des services à l'Italie avant son unité, et que d'autres sont inscrits depuis vingt-cinq ou trente ans.

3. Qu'il conservera aux négociants protégés le droit d'avoir des agents indigènes de commerce de la même manière que les commerçants étrangers.

4. Que tous les sujets italiens et protégés qui s'occupent d'agriculture paieront les taxes dues au Sultan, aussitôt qu'on aura définitivement arrangé cette question pour les nationaux et protégés des autres Puissances.

5. Que les sujets et protégés italiens paieront les droits des portes et tout autre droit extraordinaire (en excluant les contributions de guerre) que les sujets des autres Nations consentiront à payer.

6. Que chaque fois que le Représentant d'Italie croira nécessaire de protéger un sujet marocain il devra obtenir l'approbation de son Gouvernement, dans le délai de trois mois, laquelle devra être communiquée au Ministre du Sultan à Tanger avec la date et numéro de la dépêche.

Le Ministre d'Italie déclare qu'il est entendu que dans tous les cas il réserve en faveur de ses nationaux le droit de jouir du même traitement que les sujets de la Puissance la plus favorisée.

Le Chargé d'Affaires de Portugal dit qu'il a l'intention de consulter son Gouvernement pour ce qui concerne les individus indigènes qui se trouvent depuis longtemps sous sa protection, ainsi que sur la conduite qu'il devra suivre.

Il réservera le droit absolu de son Gouvernement d'accorder sa protection à des sujets marocains, dans les cas exceptionnels où il croirait juste de le faire.

Le Ministre d'Allemagne dit qu'à son avis la protection qui n'est pas basée sur les Traités est abusive. Il pense que la protection d'un indigène, quand elle ne peut pas être basée sur les Traités et les Conventions, doit être dans chaque cas précédée d'un arrangement spécial entre le Gouvernement protecteur et le Gouvernement du Sultan. Il cite l'exemple de la famille Benchimol comme précédent.

Le Ministre d'Espagne fait observer que cette proposition donnera lieu à des abus, car on connaît la facilité avec laquelle le Gouvernement marocain accorde les concessions. Il suffirait d'une seule exception accordée à un Représentant pour autoriser des demandes d'exceptions analogues de la part de ses collègues, et de là le retour aux abus comme ceux qui viennent de donner lieu aux plaintes de ce Gouvernement.

Mr. le Ministre d'Italie dit que personne plus que lui n'est intéressé à déraciner les abus, et qu'il est prêt à concourir avec ses collègues à tout ce qui pourrait atteindre ce but, mais qu'il lui est impossible de confondre le droit acquis par l'usage, qu'il défend, avec l'abus invétéré. Le droit qu'il défend est sanctionné par prescription, et il y à déja près d'un siècle qu'on exerce ce droit avec le consentement tacite du Gouvernement marocain, lequel, du reste, a fait exécuter des sentences en faveur d'indigènes et protégés étrangers contre des sujets marocains. D'ailleurs, c'est là une question qu'il soumettra à son Gouvernement. Il croit facile de déclarer que les exceptions ne seront pas à l'avenir érigés en précédents.

Quant à lui, il ne trouverait pas prudent de renoncer aux protégés que chacun pourrait avoir inscrit dès avant 1871, pour les mettre à la merci du Gouvernement marocain, malgré les assurances données par celui-ci; puisque l'assurance même que donne l'honorable Doyen de s'associer à ses collègues dans le cas où le Gouvernement marocain viendrait à manquer à ses engagements, prouve qu'il est possible que le Gouvernement Shériffien puisse y manquer. Mr. le Ministre d'Italie trouve par conséquent plus sage de garder ses protégés que de s'exposer à déranger ses collègues.

Mr. le Ministre de la Grande Bretagne dit qu'il est assuré que le Gouvernement marocain, en vue des garanties qu'il est disposé à donner en faveur des protégés irréguliers qui seront rayés des listes, respectera ces personnes. Il considère la conservation de ces protégés comme un précédent dangereux.

Pour sa part, il ne pense pas faire usage du droit de protection. Dans le cas où un sujet du Sultan rendrait un service éclatant aux Gouvernements de la Grande Bretagne, Autriche-Hongrie, Danemark ou Pays-Bas, il voudrait que le fait fût porté à la connaissance du Gouvernement que cela concerne, lequel, après en avoir obtenu l'autorisation, demanderait à S. M. Shériffienne une lettre en faveur de ce sujet marocain, le recommandant à ses Autorités, selon l'habitude dans le pays.

MM. les Représentants de Belgique, (Suède et Norvége), Espagne et France approuvent cette idée de leur collègue de la Grande Bretagne.

II.

PROCÈS VERBAL DE LA SÉANCE TENUE CHEZ SID MOHAMMED VARGAS

MINISTRE DES AFFAIRES ÉTRANGÈRES DE SA MAJESTÉ SHÉRIFFIENNE

À TANGER LE 19 JUILLET 1879.

Etaient présents: Mr. le Ministre des Affaires Étrangères de Sa Majesté le Sultan.—Mr. le Ministre d'Allemagne.—Mr. le Ministre de Belgique, représentant aussi la Suède et la Norvége.—Mr. le Ministre d'Espagne.—Mr. le Consul Général des États-Unis d'Amérique.—Mr. le Ministre de France.—Mr. le Ministre de la Grande Bretagne, représentant l'Autriche-Hongrie, le Danemark et les Pays-Bas.—Mr. le Chargé d'Affaires *(ad interim)* d'Italie.—Mr. le Chargé d'Affaires de Portugal, représentant le Brésil.

Son Excellence Sid Mohammed Vargas dit avoir reçu le Résumé des Procès verbaux, dont copie ci-jointe. *(Annexe n° 1.)* Il prie Mr. Rinaldy d'être le Secrétaire de la présente séance, comme il l'a été des séances antérieures tenues par les Représentants, et en cette qualité de donner lecture de ses observations sur celles des demandes contenues dans son Memorandum, à propos desquelles il n'y a pas eu accord unanime de la part des Représentants.

(Les demandes qui ont été modifiées selon les désirs des Représentants et acceptées par Sid Mohammed sont insérées dans le présent Procès verbal avec la rédaction approuvé. Celles pour lesquelles il n'a pas été fait d'objection sont passées sous silence.)

Demande numéro 3.

«Les Consuls, Vice-Consuls ou Agents consulaires Chefs de poste qui sont dans les villes de la côte, ne pourront choisir qu'un interprète, un soldat et deux domestiques parmi les sujets de Sultan.

»Ceux-ci ne seront non plus soumis à aucun droit, ni impôt, ni taxe quelconque.»

Demande numéro 4.

Langage de Sid Mohammed Vargas. Sid Mohammed Vargas déclare qu'il lui est impossible d'accepter aucune modification au texte des Traités. Il prie Mr. le Chargé d'Affaires de Portugal de vouloir bien faire connaître les raisons qui l'engagent à attendre les instructions de son Gouvernement pour accepter cette demande, à laquelle ont adhéré tous les Représentants, car elle est basée sur les Traités et copiée littéralement de ceux-ci.

Mr. le Chargé d'Affaires de Portugal répond que les Agents consulaires portugais indigènes ayant, comme l'ont fait les Agents consulaires indigènes d'autres Nations, donné la protection à d'autres sujets du Sultan, il croit devoir en référer à son Gouvernement, quoique cette demande du Gouvernement marocain soit basée sur les Traités; car ceux-ci n'avaient jamais que l'on sache été invoqués, et puisque les Vice-Consuls indigènes ont des diplômes comme les autres, en agissant ainsi, il ne fait que se conformer aux instructions qu'il doit observer dans des cas pareils. Il ne fait donc que se conformer aux instructions qu'il a reçues de son Gouvernement.

Le Ministre marocain dit que les actes posés par les Agents portugais indigènes, et mentionnés par Mr. le Représentant de Portugal, constituent un abus qui n'a jamais été reconnu par le Gouvernement marocain. Il désire que l'on s'en tienne désormais aux Traités en supprimant les abus; c'est là le but des demandes du Gouvernement marocain et ce qui fait l'objet des réunions des Représentants étrangers.

Demande numéro 5.

«Nous reconnaisons aux Ministres, Chargés d'Affaires et autres Représentants le droit qui leur est accordé par les Traités de choisir les personnes qu'ils emploient, soit à leur service personnel, soit à celui de leurs Gouvernements, à moins toutefois que ce ne soient des Cheiks ou autres employés du Gouvernement marocain, tels que soldats de ligne ou de cavalerie, en dehors des Maghaznias préposés à leur garde. De même ils ne pourront employer aucun sujet marocain sous le coup de poursuites, rebelle ou contumace.»

Demande numéro 6.

«Je vous serais également obligé d'informer par écrit le Ministre des Affaires Étrangères du Sultan du choix que vous avez fait d'un employé. Bien que la protection soit acceptée par nous, nous vous demandons de ne pas l'accorder à des personnes poursuivies, soit pour un délit ou un crime, avant qu'elles n'aient été jugées par les Autorités du pays, et qu'elles n'aient, s'il y a lieu, accompli leurs peines, sans que personne puisse y faire opposition.»

Demande numéro 7.

Sid Mohammed Vargas fait observer que les nommés Benchimol étant au service de la Légation de France et jouissant à ce titre de la protection, et n'ayant pas d'enfants, il serait à désirer qu'on supprimât cette exception en leur faveur, qui annulle le principe que la protection n'est pas héréditaire.

Demande numéro 9.

Le Ministre du Sultan fait remarquer que le Traité français de 1767 ne soustrait personne à la juridiction des Autorités locales; que d'après ce Traité, non seulement les indigènes au service des Représentants, mais même les sujets français résidents au Maroc, sont soumis à la juridiction locale. La Convention, ou plutôt l'arrangement, fait en 1863 avec le Représentant de France n'a pas restreint le nombre des sujets marocains au service des Consuls, parce que ce nombre est limité dans les Traités anglais et espagnol, qui font mention de la protection, et un arrangement de la nature de celui fait en 1863 n'a pas le pouvoir de modifier les Traités. Nous ne saurions accepter que le droit de protection soit illimité. Plût à Dieu que tous les Représentants acceptassent sur ce point le Traité français afin que tous les étrangers établis au Maroc fussent soumis à la juridiction locale.

Demande numéro 11.

«Les Agents consulaires sujets du Sultan n'auront pas le droit de protéger leurs employés, à moins que ceux-ci soient leurs parents et demeurent dans leurs maisons.»

Demande numéro 12.

«Les domestiques, fermiers et autres employés indigènes des secrétaires et interprètes indigènes ne jouissent pas de la protection.»

Demande numéro 13.

«Les employés ou domestiques marocains des sujets étrangers ne sont pas protégés. Toutefois les Autorités locales ne pourront arrêter un employé ou domestique d'un fonctionnaire indigène au service d'une Légation, d'un Consulat ou d'un sujet ou protégé étranger sans en avoir prévenu l'Autorité dont il dépend.

»Si un sujet marocain au service d'un sujet étranger venait à tuer quelqu'un, à le blesser ou à violer son domicile, il sera immédiatement, arrêté, mais l'Autorité diplomatique ou consulaire sous laquelle il est placé sera avertie sans retard.»

Demandes numéros 14, 15, 16.

Sid Mohammed Vargas dit avoir lu et examiné attentivement les onze propositions faites par Mr. le Ministre de la Grande Bretagne au sujet des censaux ou courtiers *(censars)*. Il trouve la première acceptable, mais il croit qu'il y a dans les autres des conditions que Sa Majesté le Sultan ne pourra accepter, et il en fera connaître les raisons.

Quant à la première, il admet que les censaux ne soint choisis que parmi les habitants des villes. Quant aux autres, il s'exprime ainsi:

«Vous n'ignorez pas que les négociants étrangers choisissent de préférence leurs agents parmi les agriculteurs aisés de la campagne, et les font passer pour leurs associés dans l'agriculture, etc., et de cette façon ils les enlèvent à la juridiction locale. Vous savez aussi que d'après les lois du pays, les Gouverneurs de l'intérieur appellent en cas de besoin sous les armes les habitants, soit pour renforcer l'armée impériale, soit pour maintenir l'ordre, ou pour châtier et contenir les kabiles rebelles. Lorsque les Gouverneurs reçoivent l'ordre Shériffien de réunir ces contingents, ils appellent les personnes aisées des kabiles qui disposent des gens de leur famille (frères ou individus de la même tribu) et des chevaux. Ceux-ci s'excusent de répondre à cet appel, sous pretexte qu'ils sont des agents de tel ou tel négociant étranger, et les Gouverneurs sont deçus ne trouvant que des pauvres. De là, des entraves pour l'exécution des ordres du Sultan, et préjudice pour la bonne administration du pays.

C'est pourquoi nous désirerions que la protection s'appliquât seulement à la marchandise, et, au cas contraire, que les censaux ne soient pas pris parmi les gens de la campagne, mais parmi les habitants des villes. Autrement, tenons nous en au texte des Traités, qui n'accorde pas la protection aux censaux sujets du Sultan, car cette protection occasionne un grand préjudice à cet Empire. Nous avons fait l'essai de la Convention ou arrangement signé avec le Représentant de la France il y a seize ans, mais le mal n'a fait qu'augmenter, les censaux sont devenus chaque jour plus arrogants envers les pauvres, et insolents envers les Autorités; il en est resulté un grand préjudice pour les négociants marocains, lesquels lorsqu'ils se rendent sur les marchés, sont victimes, dans les transactions, de procédés incroyables de la part de ces censaux, qui se constituent les acheteurs exclusifs des marchandises, en offrant un prix qu'ils réduisent au moment de la livraison, à leur gré, ce prix, ainsi réduit par eux, étant toujours inférieur à celui offert par d'autres acheteurs non protégés. Cette conduite est une des causes pour lesquelles on recherche la protection; l'Autorité locale étant impuissante à defendre le négociant sujet du Sultan contre les abus des agents ou censaux protégés. L'Autorité locale étant ainsi réduite à l'impuissance, que deviendrait sa liberté d'action et son indépendance?

»Il en résulte un gran mal pour la souveraineté du Sultan.

»C'est là une question de la plus haute importance, une cuestion vitale, qui peut entraîner des désordres dans le pays et rendre nulle l'autorité du Sultan sur ses sujets; chose que ne peuvent vouloir les nations amies. C'est pourquoi si on insiste pour que les censaux soient pris parmi les gens de la campagne et protégés en faveur du commerce et au préjudice de notre pays, nous serons dans notre droit en interdisant le commerce; notre premier devoir étant de conserver l'autorité et la tranquillité dans l'Empire. La tranquillité se conserve sans commerce, elle ne se conserve pas sans autorité.»

Mr. le Ministre de la Grande Bretagne demande la permission de répondre aux observations de Sid Mohammed Vargas, celles-ci étant adressées aux propositions faites par lui. Il s'exprime ainsi:

«J'ai rédigé ces propositions en me basant sur les propres demandes de S. E. le Ministre marocain tout en tachant de concilier ce qui est stipulé dans l'arrangement français de 1863, et d'assurer les intérêts du commerce sans faire du tort au Gouvernement du pays. Mais après avoir entendu le discours de Sid Mohammed Vargas, ainsi que ses observations déclarant que le Gouvernement du pays deviendra impossible si ces agents ou censaux sont hors de la juridiction des Autorités de l'intérieur quand ils commettent dans les marchés des abus, et que celà obligerait le Sultan à interdire le commerce plutôt que de laisser subsister ce déplorable état de choses, je suis prêt à retirer mes propositions.

»Il est bien entendu cependant qu'en les retirant, c'est à la condition que de nouveaux arrangements seront faits de commun accord entre les Représentants étrangers avec l'agrément des Gouvernements respectifs et le Gouvernement marocain, assurant l'intérêt véritable du commerce et empêchant les abus qui entravent l'action du Gouvernement local.»

Sid Mohammed Vargas répond qu'il est prêt à faire des arrangements de nature à assurer les intérêts légitimes du commerce étranger, sans entraver l'action du Gouvernement, ainsi que Sir John Hay vient de le dire. Son désir est aussi que dans ces arrangements le commerce du pays soit mis sur le même pied et dans des conditions aussi favorables pour les indigènes que pour les étrangers. Il ajoute que pour donner une idée des abus que commettent les agents ou censaux des négociants étrangers il se permettra de citer un seul exemple, et s'exprime ainsi:

«Comme vous le savez, les marchés au Maroc se tiennent en rase campagne, étant des endroits où les arabes se rendent à un jour fixe de la semaine, avec leur marchandise. Un ou plusieurs Kadis (juges), selon l'importance des marchés, des Notaires pour certifier les transactions et administrer la justice, ainsi que des soldats pour maintenir l'ordre, assistent à ces marchés. Les ventes se font à l'enchère.

»S'agit-il, par exemple, de cuirs: des marchands sujets marocains, sans protection étrangère se présentent et offrent pour ces cuirs cent-dix-neuf piastres. Le vendeur, sujet marocain aussi, trouve que ce prix lui convient et se dispose à conclure la vente lorsqu'un agent ou censal, jouissant de la protection étrangère, se présente et offre pour ces mêmes cuirs cent-vingt piastres, obtenant ainsi que les cuirs lui soient adjugés. Ceci se passe dans la matinée, et le vendeur, une fois ses cuirs adjugés, renvoit les chameaux à vide ou chargés avec d'autres marchandises qu'il a achetées à son tour. En attendant, le censal laisse faire et s'occupe d'autres achats. Le soir arrive; tout le monde se prépare à quitter le marché; c'est là le moment choisi par le censal, qui se présente alors pour prendre livraison des cuirs, dont il rejette une partie, sous prétexte qu'elle est en mauvais état. C'est en vain que l'arabe vendeur lui fait observer que les cuirs sont bons et qu'il aurait dû les examiner avant d'offrir les cent-vingt piastres, lui faisant perdre l'occasion de les vendre pour cent-dix-neuf piastres. Le censal tient ferme; le affaire est porté devant le Kadi, le crieur public confirme la vente, les témoins sont produits et écoutés, et le Kadi condamne le censal au paiement des cent-vingt piastres. Celui-ci adresse des paroles insolentes au Kadi, en se déclarant agent de tel négociant étranger et par conséquent protégé de telle ou telle nation.

»Le Kadi se déclare impuissant à le contraindre, le censal n'étant pas soumis à la juridiction. Le vendeur voudrait se venger, mais le Kadi l'en empêche pour éviter une question avec l'Autorité consulaire qui protège le censal. Comme l'arabe a déjà renvoyé ses chameaux, ce qui l'empêche de remporter chez lui les cuirs, le malheureux se voit obligé ou de laisser sa marchandise pendant la nuit dans un endroit inhabité où elle est exposée à être volée, ou bien à accepter ce que veut bien lui donner le censal, lequel, profitant de la situation, rabat le prix et parvient à ne payer que quatre-vingts ou soixante piastres seulement, au lieu des cent-vingt piastres. Quelle est donc la situation des négociants marocains?

»S'ils sont vendeurs, l'exemple que j'ai cité, parmi tant d'autres que je pourrais signaler, et de la verité desquels je réponds et suis prêt à fournir des preuves, le démontre clairement: s'ils sont acheteurs, ils se voient obligés à acheter à des hauts prix pour pouvoir lutter contre les censaux, qui, forts de leur protection, et employant tous les jours de nouvelles ruses, font enchérir impunément les marchandises.

»Cela dit, je vous laisse juger de ce que perd en prestige l'Autorité locale ne pouvant maintenir les droits des sujets marocains contre des pareils procédés. Cela explique ce que j'ai dit auparavant, car il est très naturel, il est très juste, qu'ils recherchent une protection étrangère, non dans le but de se soustraire aux abus des Autorités locales, mais pour se mettre à l'abri des procédés des censaux des négociants étrangers.»

«Mr. le Ministre de la Grande Bretagne peut confirmer, dit-il, mes remarques, car tout récemment quelques Chérifs du Gharb se sont présentés à lui, demandant à être inscrits comme agents ou censaux des négociants britanniques, déclarant qu'ils étaient victimes dans les marchés des mauvais procédés des censaux des négociants étrangers qui se rendaient maîtres de ces marchés, commettant toute espèce d'abus, sans que l'Autorité locale osât intervenir, parce qu'ils sont sous la protection étrangère. Ces Chérifs ont déclaré qu'ils n'avaient jamais eu occasion de se plaindre des Autorités marocaines qui les respectaient comme étant des Chérifs et munis de lettres royales de recommendation, mais qu'ils désiraient la protection britannique pour se défendre contre les actes arbitraires des négociants européens et de leurs agents. Tout en prenant note de cette déclaration, Sir John n'a pas accédé à leur demande.»

Demande numéro 17.

Le Ministre des Affaires Étrangères du Sultan dit que cette demande se rapporte aux droits dûs par les sujets et protégés étrangers se livrant à l'agriculture, sur les terrains et les troupeaux. Il remercie les Représentants d'avoir adhéré à cette demande, et il soumettra à S. M. le Sultan leur désir qu'un tarif soit établi à cet effet. Cependant, quelques-uns ayant adhéré avec la condition relative au droit de propriété des Européens, et déclaré que ce droit ne sera exercé qu'avec le consentement préalable du Gouvernement marocain, ceci étant conforme au Traité espagnol en vigueur, Sid Mohammed Vargas ne voit pas la nécessité de cette condition.

«Si notre demande est fondée, dit-il, je ne vois pas de raison pour imposer des conditions, et si elle ne l'est pas, faites nous voir le défaut de fondement.

»Vous savez tous que les terrains appartiennent au Sultan, et nous avons le droit de demander une taxe à ceux des sujets et protégés étrangers qui tirent profit de ces terrains pour eux et pour leurs troupeaux.

»Il ne serait pas juste qu'on nous obligeât à en permettre l'exploitation sans payer une taxe ou bien en nous imposant des conditions. Nous vous prions de prendre en considération cette demande, qui n'a d'autre but que de mettre nos sujets sur le même pied que les sujets étrangers en faisant disparaître le préjudice qui résulte pour eux de la différence de traitement, car si nos sujets paient ces taxes et que les étrangers en soient exempts, il en résulte que les étrangers peuvent vendre les produits des terres et leurs troupeaux à un prix moindre que nos sujets, lesquels ainsi se trouvent lésés.»

Demande numéro 19.

Sid Mohammed Vargas s'exprime ainsi au sujet de cette demande:

«Mon Souverain a déclaré à plusieurs reprises l'impossibilité où il se trouve d'admettre que ceux de ses sujets qui ont pris la naturalisation étrangère reviennent dans ses États, si ceci n'est à la condition qu'il seront soumis à la juridiction locale.

»Nous sommes heureux de voir que la plupart des Représentants reconnaissent ce droit de notre Souverain comme souverain libre et indépendant, et que Mr. le Ministre de France, quoiqu'il consultera son Gouvernement pour les raisons qu'il a citées, a reconnu de même le droit parfait de Sa Majesté le Sultan sur ce point; ainsi que l'a reconnu Mr. le Représentant des États-Unis d'Amérique si tous les Représentants le reconnaissent.

»Quant à l'opposition de Mr. le Représentant de Portugal et du Brésil à la disposition de Sa Majesté, il nous est impossible de nous séparer des ordres que nous avons reçu.

»On sait que les juifs sujets du Sultan vont en Portugal; qu'ils y résident pendant un certain temps, plus on moins long, et puis ils reviennent au Maroc, et se disant naturalisés portugais, ils se refusent à se soumettre à la juridiction locale et à payer les droits dûs à Sa Majesté le Sultan et se conduisent d'une manière insolente et avec la plus grande arrogance. D'autres Nations admettent le retour de leurs sujets naturalisés étrangers, mais c'est parce que ces individus, une fois de retour en leur patrie originaire, ne se soustraient pas à la juridiction locale; ils sont soumis aux lois et à la juridiction du pays, et non à celles des Consuls étrangers.

»Nous sommes sûrs que les Gouvernements de Portugal et du Brésil ne désirent que la justice et l'équité, et ne voudront pas méconnaître l'indépendance de notre Souverain sur ce point.

»Notre désir est de maintenir les meilleures relations avec toutes les Nations, mais nous ne pouvons pas admettre une semblable opposition aux droits de souveraineté de notre auguste Maître.

»Un cas pareil a eu lieu il y a quelques années en Turquie, et toutes les Nations ont adhéré et reconnu le droit de souveraineté de Sa Majesté l'Empereur des

Ottomans. Notre Souverain, comme souverain indépendant, jouit dans ses États des mêmes droits dont le Sultan de Turquie jouit dans les siens.

»L'acceptation de cette demande est juste, toute Nation ayant le droit de suivre chez elle ses propres lois, et nous sommes bien persuadés qu'aucun Gouvernement ne voudra imposer ses lois et ses règlements sur un point aussi important que celui-ci à Sa Majesté le Sultan qui est Souverain libre et indépendant dans son Empire.»

Mr. le Chargé d'Affaires de Portugal, représentant le Brésil, reconnaisant l'inutilité de répondre dans ce moment à Mr. le Ministre de Sa Majesté le Sultan, se réserve de le faire lorsqu'il en aura référé aux Gouvernements qu'il a l'honneur de représenter.

ETENDUE ET LIMITE DE LA PROTECTION.

Traitant cette question Sid Mohammed Vargas s'exprime dans ces termes:

«Quant à l'étendue de la protection donnée par les Représentants, je suis heureux de voir que la demande de mon auguste Souverain pour que cette protection ne soit octroyé qu'aux termes des Traités en vigueur, a été acceptée par tous les Représentants, excepté le Ministre d'Italie, qui a déclaré qu'il conseillera son Gouvernement de conserver la protection à ceux des sujets marocains qui sont portés sur ses listes, et cela seulement parce qu'ils y ont été inscrits par les Représentants italiens, ses prédécesseurs, car d'après ce que nous savons, il n'y a que Mr. Nahon et les dragomans qui aient prêté des services au Gouvernement italien et non les autres personnes inscrites sur les listes; et je suis très étonné d'apprendre que si Mr. le Ministre d'Italie n'a pas adhéré à notre demande, c'est parce qu'il n'a pas de confiance dans notre promesse solennelle, faite aux Représentants, qu'aucune injustice ne sera commise envers les personnes qui seraient rayées des listes, et que si quelques-unes venaient à commettre un acte contraire aux lois et à être traduites par devant les tribunaux marocains, le Consul de la Nation qui les protégeait serait averti pour assister au jugement, et, dans le cas où, à son avis, il croirait voir une injustice, nous en donner connaissance par l'entremise de son chef à Tanger. Ce défaut de confiance nous a fortement étonné, surtout parce qu'il nous semble que tous les Représentants savent que dans ces dernières quinze années, ou plus encore, aucun acte arbitraire n'a été commis contre aucun juif à Tanger, et si quelqu'un a été emprisonné ou bâtonné, cela n'a eu lieu qu'à la demande des Consuls étrangers.

»C'est pourquoi nous ne parvenons pas à comprendre la crainte de Mr. le Ministre d'Italie, que ses protégés soient victimes d'actes arbitraires s'ils étaient rayés de ses listes de protections.

»On sait que les juifs au Maroc paient une contribution à S. M. le Sultan (il faut entendre par «jazial», la contribution qu'on paie en échange de l'exemption du service militaire).

»Eh bien, il y a beaucoup d'années qu'à cause de la trop grande extension de la protection octroyée aux juifs riches de Tanger, le Sultan ne perçoit ni cette contribution ni aucune autre; et cela parce que le Gouvernement marocain ne veut pas l'imposer sur les juifs pauvres, tels que portefaix, artisans, etc., tandis que les riches en sont exempts. Nous sommes sûrs que le Gouvernement italien n'a pas connaissance de ceci.

»Pendant tout le temps que subsistera cette protection irrégulière, la porte des préjudices et des maux nous restera toujours ouverte. À l'avenir, si un des sujets de S. M. le Sultan venait à rendre un service important à une Nation étrangère et que le Représentant de son Gouvernement portât le fait à la connaissance de Sa Majesté, nous sommes sûrs qu'Elle recommanderait cette personne à ses Autorités, afin qu'elle fut respectée et honorée comme ayant rendu un service à une Nation amie.

»Nous remercions les Représentants d'avoir accepté les autres demandes, et les prions de vouloir soumettre à leurs Gouvernements nos observations au sujet de celles sur lesquelles il n'y a pas eu encore accord unanime, étant sûrs qu'ils les prendront en considération et adhéreront tous à toutes nos justes demandes.»

Mr. le Chargé d'Affaires d'Italie se réserve de répondre aux observations de Sid Mohammed Vargas après en avoir référé à son Gouvernement.

Mr. le Ministre de la Grande Bretagne reprend la parole, et s'exprime ainsi:

«Quoiqu'il y ait des différences d'opinion et des objections de la part de quelques collègues aux demandes faites par Sid Mohammed Vargas selon les ordres du Sultan, j'ai tout espoir qu'après en avoir référé à nos Gouvernements respectifs il s'établira un parfait accord entre nous tous et le Ministre marocain.

»Cependant, je crois de mon devoir de déclarer que dans le cas, qui me parait improbable, où quelqu'un des Représentants serait autorisé par son Gouvernement à donner plus de latitude au droit de protection que ce qui est contenu dans les termes et dans l'esprit des demandes et règlements en question, je réserve aux Gouvernements que j'ai l'honneur de représenter, le droit de jouir en tout temps de la même faculté, et aux sujets de ces Nations les mêmes droits et privilèges.

»Avec cette réserve je donne à Sid Mohammed Vargas les listes des sujets marocains qui sont sous ma protection, rédigées selon les Traités et conformément aux demandes du Sultan, comme Représentant de la Grande Bretagne, de l'Autriche-Hongrie, du Danemark et des Pays-Bas, dans lesquelles il n'y a aucune personne nommée qui ne soit *bond fide* dans l'emploi des Gouvernements ou des officiers diplomatiques ou consulaires. Tout collègue qui le désire est libre d'en prendre copie.

»Quant aux listes des agents ou censaux, je serai prêt à les retirer ou à les modifier, selon les arrangements qui j'espère seront faits à ce sujet par les Représentants Étrangers et le Gouvernement marocain.»

Mr. le Ministre d'Allemagne ne croit pas nécessaire une réserve de cette nature, attendu que par l'entremise du Gouvernement de S. M. Britannique, le Sultan du Maroc a fait assurer dans le temps les privilèges de la Nation la plus favorisée à l'Empire Allemand.

Eu égard à la remise publique de la liste des protégés par Mr. le Ministre de la Grande Bretagne à S. E. le Ministre du Sultan, il croit nécessaire de répéter que dès son entrée en fonctions comme Représentant de l'Empire Allemand, il a eu soin de remettre, au commencement de chaque année, la liste complète des sujets marocains protégés par l'Allemagne, aux Représentants compétents de S. M. Shériffienne.

Mr. le Ministre d'Espagne dit qu'il a remis à Sid Mohammed Vargas la liste de ses protégés à Tanger, conforme aux demandes du Gouvernement marocain.

Quant aux protégés de la côte, il a demandé les listes et aussitôt qu'il les recevra il s'empressera de les remettre à Sid Mohammed Vargas, rédigées aussi selon les Traités et conformément aux demandes du Sultan. Il fait en faveur de son Gouvernement et des sujets espagnols la même réserve que vient de faire le Représentant de la Grande Bretagne quant à l'extension que d'autres Puissances donneront à la protection.

MM. les Ministres de Belgique et de France s'associent à leur collègue d'Espagne et font les mêmes réserves.

III

EXTRAIT DU TRAITÉ DE PAIX ET DE COMMERCE

ENTRE SA MAJESTÉ LOUIS XV, ROI DE FRANCE, ET L'EMPEREUR DE MAROC

SIGNÉ À MAROC LE 28 MAI 1767.

. . . .
. . . .

Article 11.

L'Empereur de France peut établir dans l'Empire de Maroc la quantité de Consuls qu'il voudra, pour y représenter sa personne dans les ports du dit Empire, y assister les négociants, les capitaines et matelots en tout ce qu'ils pourront avoir besoin, entendre leurs différends et décider des cas qui pourront survenir entre eux, sans qu'aucun Gouverneur des places où ils se trouveront puisse les en empêcher. Les dits Consuls pourront avoir dans leurs maisons leurs églises pour y faire l'office divin; et si quelqu'une des autres nations chrétiennes voulait y assister, on ne pourra y mettre obstacle ni empêchement; et il en sera usé de même à l'égard des sujets de l'Empereur de Maroc quand ils seront en France; ils pourront librement faire leurs prières dans leurs maisons. Ceux qui seront au service des Consuls, secrétaires, interprètes, courtiers ou autres, tant au service des Consuls que des marchands, ne seront empêchés dans leurs fonctions, et ceux du pays seront libres de toute imposition et charge personnelle. Il ne sera perçu aucun droit sur les provisions et autres effets à leur usage qu'ils recevront d'Europe, de quelque espèce qu'ils soient; de plus les Consuls français auront le pas et préséance sur les Consuls des autres Nations et leur maison sera respectée et jouira des mêmes immunités qui sont accordées aux autres.

Article 12.

S'il arrive quelque différend entre un maure et un français, l'Empereur en décidera, ou bien celui qui le représente dans la ville où l'accident sera arrivé, sans que le Cadi ou le Juge ordinaire puisse en prendre connaissance; et il en sera usé de même en France s'il arrive un différend entre un français et un maure.

ARTICLE 13.

Si un français frappe un maure, il ne sera jugé qu'en présence du Consul, qui défendra sa cause, qui sera jugée sans partialité; et au cas que le français vînt à s'echapper, le Consul n'en sera point responsable; et si par contre, un maure frappe un français, il sera châtié suivant la justice et l'exigence du cas.

. . . .

. . . .

IV

EXTRAIT DU TRAITÉ GÉNÉRAL

ENTRE SA MAJESTÉ LA REINE DE LA GRANDE BRETAGNE
ET SA MAJESTÉ LE SULTAN DE MAROC

SIGNÉ À TANGER LE 9 DÉCEMBRE 1856.

. . . .
. . . .

ARTICLE 3.

The British Chargé d'Affaires, or other Political Agent accredited by the Queen of Great Britain to the Sultan of Morocco, as also the British Consuls who shall reside in the dominions of the Sultan of Morocco, shall always have respect and honour paid to them, suitable to their rank. Their houses and families shall be safe and protected. No one shall interfere with them, or commit any act of oppression or disrespect towards them, either by words or by deeds; and if any one should do so, he shall receive a severe punishment, as a correction to himself and a check to others.

The said Chargé d'Affaires shall be at liberty to choose his own interpreters and servants, either from the Mussulmans or others, and neither his interpreters nor servants shall be compelled to pay any capitation tax, forced contribution, or other similar or corresponding charge. With respect to the Consuls or Viceconsuls who shall reside at the ports under the orders of the said Chargé d'Affaires, they shall be at liberty to choose one interpreter, one guard, and two servants, either from the Mussulmans or others; and neither the interpreter, nor the guard, nor their servants, shall be compelled to pay any capitation tax, forced contribution, or other similar or corresponding charge. If the said Chargé d'Affaires should appoint a subject of the Sultan of Morocco as Vice-consul at a Moorish port, the said Vice-consul, and those members of his family who may dwell within his house, shall be respected, and exempted from the payment of any capitation tax or other similar or corresponding charge; but the said Vice-consul shall not take under his protection any subject of the Sultan of Morocco except the members of his family dweling under his roof. . . . .
. . . .

V.

EXTRAIT DU TRAITÉ DE COMMERCE

ENTRE SA MAJESTÉ LA REINE D'ESPAGNE ET SA MAJESTÉ L'EMPEREUR DE MAROC

SIGNÉ À MADRID LE 20 NOVEMBRE 1861.

. . . .
. . . .

ARTÍCULO 3.°

Al Encargado de Negocios de España, ó á cualquier otro Agente diplomático acreditado por S. M. Católica cerca del Rey de Marruecos, así como tambien al Cónsul general, Cónsules, Vicecónsules y Agentes consulares españoles que residan en los dominios del Rey de Marruecos, se les tributarán los honores, consideracion y distinciones debidos á su rango.

Estos Agentes, sus casas y familias, gozarán de absoluta inmunidad y de plena seguridad y proteccion. Nadie podrá molestarlos ni faltarles en lo más mínimo, ni de palabra ni de obra; y si alguno infringiere esta prescripcion, recibirá un severo castigo, que sirva de pena para el delincuente y de ejemplo para los demas.

El Encargado de Negocios ó Cónsul general podrá escoger libremente sus intérpretes y criados entre los súbditos musulmanes ó de cualquier otro país. Sus intérpretes y criados estarán exentos de toda contribucion personal y directa, ya sea por capitacion, impuesto forzoso ó cualquiera otra carga semejante ó análoga.

Los Cónsules, Vicecónsules ó Agentes consulares que residan en los puertos á las órdenes del mencionado Encargado de Negocios ó Cónsul general, podrán nombrar un intérprete, un guarda y dos criados, ya sean musulmanes, ya súbditos de otro país; y ni el intérprete, ni el guarda, ni los criados estarán obligados á pagar impuestos de capitacion, contribucion forzosa ó cualquiera otra carga semejante ó análoga.

Si el referido Encargado de Negocios ó Cónsul general nombrase Vicecónsul ó Agente consular en un puerto marroquí á un súbdito del Rey de Marruecos, tanto éste como los individuos de su familia que habiten en su misma casa, serán respetados y estarán exentos del pago de los impuestos de capitacion ú otras cargas semejantes ó análogas; pero dicho Vicecónsul ó Agente consular no deberá tomar bajo su proteccion á ningun súbdito del Rey de Marruecos, á excepcion de los miembros de su familia si habitan en la misma casa.

Artículo 47.

Los comerciantes españoles en los dominios marroquíes podrán manejar libremente por sí mismos sus negocios ó encomendarlos al cuidado de cualesquiera personas nombradas por ellos como corredores ó agentes, y no se les molestará ni pondrá obstáculo para la libre eleccion de las personas que pueden desempeñar dichos cometidos. Tampoco tendrán obligacion de satisfacer salario ó remuneracion alguna en favor de las personas á quienes no hayan querido nombrar para tales cargos. Los que siendo súbditos del Rey de Marruecos ejerzan estos oficios, serán tratados y considerados como los demás súbditos marroquíes. . . . . . .

. . . .

. . . .

VI

RÈGLEMENT RELATIF À LA PROTECTION

ARRÊTÉ D'UN COMMUN ACCORD ENTRE LA LÉGATION DE FRANCE ET LE GOUVERNEMENT MAROCAIN

À TANGER LE 19 AOÛT 1863.

La protection est individuelle et temporaire.

Elle ne s'applique donc pas en général aux parents de l'individu protégé.

Elle peut s'appliquer à sa famille, c'est-à-dire, à la femme et aux enfants, demeurant sous le même toit.

Elle est tout au plus viagère, jamais héréditaire, sauf la seule exception admise en faveur de la famille Benchimol, qui de père en fils a fourni et fournit encore des censaux interprètes au poste de Tanger.

Les protégés se divisent en deux catégories.

La première catégorie comprend les indigènes employés par la Légation et par les différentes Autorités consulaires françaises.

La seconde catégorie se compose des facteurs, courtiers ou agents indigènes employés par les négociants français pour leurs affaires de commerce.

Il n'est pas inutile de rappeler ici que la qualité de négociant n'est reconnue qu'à celui qui fait en gros le commerce d'importation ou d'exportation, soit en son propre nom, soit comme commissionnaire.

Le nombre des courtiers indigènes jouissant de la protection française est limité à deux par maison de commerce. Par exception, les maisons de commerce qui ont des comptoirs dans différents ports, pourront avoir deux courtiers attachés à chacun de ces comptoirs et jouissant à ce titre de la protection française.

La protection française ne s'applique pas aux indigènes employés par des français à des exploitations rurales.

Néanmois, eu égard à l'état des choses existant, et d'accord avec l'Autorité marocaine, le bénéfice de la protection accordée jusqu'ici aux individus compris dans le paragraphe précédent subsistera pendant deux mois, à dater du 1er Septembre prochain.

Il est entendu, d'ailleurs, que les cultivateurs, gardiens de troupeaux, ou autres paysans indigènes au service des français, ne pourront être l'objet de poursuites judiciaires sans que l'Autorité consulaire compétente en soit immédiatement informée, afin que celle-ci puisse sauvegarder les intérêts de ses nationaux.

La liste de tous les protégés sera remise par le Consulat respectif à l'Autorité du lieu, qui recevra également avis des modifications apportées par la suite au contenu de cette liste.

Chaque protégé sera muni d'une carte nominative de protection en français et en arabe, indiquant la nature des services qui lui assurent ce privilège.

Toutes ces cartes seront délivrées par la Légation de France à Tanger.

Tanger, le 19 Août 1863.

VII

NOTE DU MINISTRE RÉSIDENT D'ESPAGNE AU MAROC ADRESSÉE À SID-EL-HACHE-DRIS-BEN-DRIS.

À TANGER LE 20 AOÛT 1863.

El infrascrito Ministro Residente de S. M. la Reina de España, tiene la honra de manifestar á Sid-el-Hache-Dris-Ben-Dris que se halla conforme con las siguientes reglas para el ejercicio del derecho de proteccion por los Agentes españoles en Marruecos:

«La proteccion es individual y temporal. No gozan de ella por tanto los parientes del protegido. Puede extenderse á su familia, es decir, á la mujer y á los hijos que vivan en la casa paterna.

La proteccion es, cuando más, vitalicia, nunca hereditaria.

Los protegidos se dividen en dos categorías:

La primera comprende á los indígenas empleados por la Legacion de España ó por las Autoridades Consulares españolas.

La segunda comprende á los corredores ó agentes indígenas empleados por los comerciantes españoles para sus negocios comerciales.

Queda consignado que sólo serán reconocidos como comerciantes los que hagan al por mayor el comercio de importacion ó exportacion, ya en su propio nombre, ya como comisionistas.

El número de corredores ó agentes indígenas que gozarán de la proteccion española se limita á dos por cada casa de comercio. Se exceptúan las casas de comercio que tienen factorías en diferentes puertos, las cuales podrán tener dos corredores protegidos españoles agregados á cada una de estas factorías.

No es aplicable la proteccion española á los indígenas empleados por súbditos españoles en trabajos rurales. Sin embargo, teniendo en cuenta el actual estado de cosas, de acuerdo con las Autoridades marroquíes, se declara subsistente durante dos meses, á contar desde 1.° de Setiembre próximo, el beneficio concedido hasta ahora á los individuos comprendidos en el párrafo anterior.

Queda establecido, sin embargo, que los labradores, pastores ú otros trabajadores indígenas que están al servicio de súbditos españoles, no podrán ser perseguidos judicialmente, sin que se dé aviso de ello á la Autoridad Consular competente.

Los Cónsules españoles entregarán á la Autoridad local respectiva la lista de los protegidos, y la informarán de las modificaciones que en el porvenir se introduzcan en el contenido de dicha lista.

Se dará á cada protegido una papeleta ó boleta de proteccion, en español y en árabe, la cual contendrá el nombre del protegido y la clase de servicio en virtud del cual goza de este privilegio. Estas boletas de proteccion serán expedidas por la Legacion de España en Tánger.

Dado en Tánger á 20 de Agosto de 1863.=(Firmado.)=FRANCISCO MERRY Y COLOM.»

VIII

DEMANDES PRÉSENTÉES PAR SID MOHAMMED VARGAS À LA CONFÉRENCE DE MADRID DANS LA SÉANCE DU 24 MAI 1880.

(TRADUCTION DE L'ORIGINAL ARABE.)

LOUANGE À DIEU UNIQUE!

ADDITIONS AUX DEMANDES PRÉSENTÉES À LA CONFÉRENCE DE TANGER.

À LA DEMANDE NUMÉRO 1.

Quant à la Convention ou arrangement de 1863, par lequel la protection a été jusqu'ici accordée aux Agents (courtiers ou censaux) des négociants étrangers, nous en avons fait l'essai depuis près de dix-sept ans, et avons constaté qu'il cause des préjudices aux transactions commerciales dans l'intérieur du pays, et dans les villes de la côte, et qu'il entrave l'administration de justice et le maintien de l'ordre dans les marchés de l'intérieur et les villes, ainsi que nous l'avons démontré dans la séance de 19 Juillet 1879 répondant aux propositions faites par Mr. le Ministre de la Grande Bretagne à Tanger au sujet des demandes 14, 15 et 16.

C'est pourquoi nous vous prions de vouloir bien chercher avec nous un moyen de transaction pour parvenir à une solution qui, tout en évitant ces préjudices, soit également avantageuse aux négociants sujets du Sultan et aux sujets étrangers.

LOUANGE À DIEU SEUL!

AUX DEMANDES NUMÉROS 14, 15 ET 16.

Accomplissant la promesse faite par nous dans la séance tenue à Tanger le 19 Juillet 1879, et S. M. le Sultan ayant approuvé cette promesse qui se rapporte au commerce, parce qu'Elle désire faciliter les transactions commerciales et porter aide à tout ce qui tend à leur développement, je vous soumets les propositions suivantes:

Les agents (courtiers ou censaux) des négociants étrangers seront choisis parmi les habitants des villes et des ports, et non parmi les habitants de la campagne.

Ils seront soumis à la juridiction locale. Si un de ces individus, se trouvant au service d'un négociant, venait à commettre un acte punissable qui rendrait nécessaire son arrestation dans la campagne, le Gouverneur de cet endroit pourra l'arrêter. En ce cas, un inventaire de tout ce qui se trouve entre ses mains sera dressé par les Notaires publics et signé par l'agent, s'il sait écrire, en union des Notaires. Ces biens seront gardés par le Gouverneur qui enverra l'agent arrêté au Gouverneur de la ville d'où il est parti pour être jugé par les Autorités locales en présence du Consul: l'agent sera immédiatement éliminé de la liste des agents, et le négociant nommera un autre pour se charger de ses biens.

Tout agent sera muni d'une lettre du Gouverneur de la ville d'où il procède constatant qu'il est l'agent d'un tel, afin que l'Autorité de la campagne en soit prévenue.

De cette manière, la protection s'étendra sur les marchandises et sur l'argent des négociants étrangers.

S'il arrivait qu'un Gouverneur de la campagne commît une injustice contre un agent, la plainte sera portée au Ministre des Affaires Étrangères à Tanger, et une fois l'injustice constatée, l'agent obtiendra une satisfaction en proportion de l'injustice commise par ce Gouverneur.

Finalement, notre désir est d'ôter les préjudices; que les sujets du Sultan soient mis sur le même pied que les sujets étrangers et que l'indépendance du Sultan et de ses Autorités ne soit nullement lésée.

LOUANGE À DIEU SEUL!

DE LA PROTECTION IRRÉGULIÈRE.

Vu que quelques-uns des Représentants à Tanger ont exprimé certaines craintes au sujet des personnes qui seraient rayées de leurs listes actuelles, et notre désir étant de faire disparaître ces craintes et d'annuller les propositions que nous avons faites dans nos deux lettres du 18 Février et 12 Avril 1879, et reproduites verbalement à la séance tenue à Tanger le 19 Juillet de la même année, nous vous proposons maintenant au sujet de ces individus:

Que toutes les questions relatives à héritages, biens immeubles, etc., qui sont du ressort du Chrâ, soient soumises au Kadi ainsi que cela se pratique aujourd'hui; et quant aux autres questions, telles qu'assassinat, querelles, etc., qui sont du ressort du Gouverneur, si l'ex-protégé ne voulait pas soumettre son affaire au Gouverneur, il aura le droit de la porter devant le Ministre des Affaires Étrangères à Tanger. Une fois que la sentence aura été prononcée par le Ministre, si l'ex-protégé se croyait lésé, le dit Ministre n'aura aucune objection à écouter l'Ambassadeur et à lui expliquer les raisons et la base de la sentence.

Les Représentants devront remettre au Ministre des Affaires Étrangères une liste spéciale contenant les noms des individus qui ont été protégés et éliminés de la protection par suite de cet arrangement, afin que les Autorités locales soient prévenues sur le compte de ces individus.

Signé: Mohammed Vargas, Dieu lui soit propice.

(*Pour traduction littérale*, Aníbal Rinaldy, Antonio M. Orfila.)

IX

PROPOSITIONS PRÉSENTÉES

PAR LE PLÉNIPOTENTIAIRE D'AUTRICHE-HONGRIE
À LA CONFÉRENCE DE MADRID

DANS LA SÉANCE DU 6 JUIN 1880.

Le Règlement de 1863 parle de deux catégories de protégés:

1. De ceux qui se trouvent au service des Légations ou des Consulats;
2. De ceux qui servent d'agents ou de censaux aux négociants étrangers.

Le dit Règlement n'indique cependant pas en quoi ces deux catégories de protégés se distinguent. Toutefois, il est permis de croire que cette classification s'est imposée par la nature des services qui incombent à chacune des deux catégories des protégés.

Les uns, employés d'une manière complète et stable par une Autorité, doivent nécessairement être soustraits, en tout et pour tout, à l'influence et à l'action de toute autre Autorité. Pour eux la protection doit donc être pleine et entière.

Pour les autres, au contraire, qui ne sont employés que par des particuliers et pour de certaines affaires seulement, il suffit de leur assurer la protection dans les limites strictement nécessaires pour mettre à l'abri les intérêts et les biens des négociants qu'ils représentent, sans les soustraire pour cela, plus que ne l'exigent les circonstances, à leurs devoirs envers le Souverain et le pays auquel ils appartiennent.

Partant de ce point de vue, il semblerait possible de renfermer la protection nécessaire aux dits agents et censaux dans les limites suivantes:

1. La protection des agents sera purement personnelle et ne s'étendra que sur leurs femmes et enfants mineurs demeurant avec eux sous le même toit. Elle ne les dispensera pas du paiement des impôts ni de l'acquittement des charges qui pèsent sur leurs biens immeubles. On aura cependant soin de déterminer la quotité des impôts que chacun devra payer à l'État.

2. Les agents indigènes, dans le nombre prévu par le Règlement de 1863, seront choisis de préférence dans les villes et les ports, et, dans tous les cas, un négociant ne pourra choisir pour chacun de ses établissements, qu'un seul agent dans les campagnes.

3. Ce dernier devra indiquer un substitut apte à le remplacer dans le cas où il aurait à concourir au maintien de l'ordre dans son district, pendant qu'il se trouverait empêché par les affaires du négociant de remplir lui-même ce devoir.

4. Les agents et censaux auront à se conformer, comme tout autre acheteur, aux Règlements et usages établis pour les marchés; et ils ne pourront se délier d'une vente deja formellement conclue que par les voies judiciaires.

5. Aucun agent ne pourra être arrêté, pendant l'exercice de ses fonctions de censal, qu'en cas de flagrant délit. Il ne sera jugé que dans un endroit où se trouve un Consul de la Nation à laquelle appartient le négociant dont il est l'agent. Ce Consul sera averti et pourra assister à la procédure. Si l'agent est arrêté en dehors de l'exercice de ses fonctions pour crime ou délit, on devra de même donner avis au Consul de plus proche résidence de la Nation dont il est le protégé, afin que celui-ci puisse intervenir s'il le désire.

6. Dans les causes civiles entamées contre des agents, celles qui ont trait aux intérêts des négociants qu'ils représentent seront déférées au Consulat dont dépend le négociant. Celles qui sont propres à l'agent seront jugées devant les Tribunaux locaux avec l'assistance du Consul si ce dernier le réclamait ainsi.

7. Dans aucun cas les marchandises ou l'argent que l'agent tient dans sa possession, ne pourront lui être enlevés; en cas d'arrestation il gardera l'argent, et les marchandises, emballées par ses soins, seront transportées, sans que personne autre puisse y toucher, ensemble avec lui à l'endroit où il devra être jugé. Cet endroit sera toujours une localité où se trouve un Représentant de la Nation du négociant qui a employé l'agent. Ce Représentant dressera, de concert avec l'Autorité locale, un inventaire des effets dont l'agent arrêté, se trouverait en possession, et ce qui sera reconnu comme appartenant au négociant étranger sera déposé au Consulat ou rendu au négociant.

8. Toute cause intentée contre un agent protégé est susceptible d'un appel au Ministre des Affaires Étrangères à Tanger, et un agent ne perdra la protection qu'après avoir été reconnu coupable d'un crime ou délit dûment constaté. Une accusation injuste portée contre lui en rendra responsable l'auteur, quel qu'il soit, et, en dehors de la punition qui lui sera infligée pour sa calomnie, il devra également rembourser tous frais et dommages causés à l'agent ou au négociant qui l'emploie.

9. La qualité d'agent sera constatée, pour un indigène, par un document délivré par la Légation dont dépend le négociant qui l'emploie, et avis en sera donné au Ministre des Affaires Étrangères, afin que celui-ci puisse, à son tour, en informer l'Autorité de l'endroit où demeure l'agent.

X

PROPOSITIONS PRÉSENTÉES

PAR LE PLÉNIPOTENTIAIRE D'ITALIE
À LA CONFÉRENCE DE MADRID

DANS LA SÉANCE DU 6 JUIN.

1. Les agents commerciaux ou censaux jouiront de la même protection dont jouissent les protégés de première catégorie ainsi que leurs biens immeubles. Ils ne pourront être arrêtés que dans le cas où ils seraient surpris en flagrant délit de meurtre. Dans aucun autre cas ils ne pourront être arrêtés, sous aucun pretexte. Ils seront choisis dans les villes de la côte et dans l'intérieur, excepté dans le. districts militaires et où la population est soumise, comme réserve, au servics militaire.

2. Les agents paieront l'impôt agricole et la taxe des portes dans la quotité qui sera determinée d'un commun accord entre le Gouvernement marocain et les Chefs de Mission.

3. En cas d'arrestation pour flagrant délit de meurtre, l'agent ou censal rédigera ou fera rédiger en sa présence l'inventaire de la marchandise et de l'argent qu'il possède, soit pour son compte, soit pour compte du négociant dont il est au service; cet inventaire sera signé par deux Notaires, par l'Autorité supérieure de l'endroit, par deux temoins connus par leur honorabilité, et par l'agent lui-même. Une copie de cet inventaire lui sera immédiatement remise, une autre copie sera envoyée au Ministre de S. M. le Sultan à Tanger pour être consignée au Chef de la Mission dont relève l'agent, et le Gouvernement du Sultan sera responsable des valeurs et de la marchandise inventariées.

4. L'agent jouira exclusivement de la juridiction consulaire, comme les autres protégés.

5. Les négociants pourront avoir pour chaque comptoir deux agents commerciaux, c'est-à-dire, le nombre indiqué par le Règlement de 1863.

6. Les agents ou censaux auront à se conformer, comme tout autre acheteur, aux Règlements et usages établis pour les marchés, et ils ne pourront se délier d'une vente formellement conclue que par les voies judiciaires.

7. Si un agent ou censal venait à être accusé de quelque faute punissable ou de quelque délit, l'Autorité de l'endroit le dénoncera, avec les preuves à l'appui, au Ministre des Affaires Étrangères à Tanger, et celui-ci, à son tour, au Chef de la Mission dont relève l'agent, pour y être jugé.

8. Si une Autorité marocaine faisait arrêter un agent ou censal, sauf le cas de flagrant délit de meurtre, elle sera châtiée et en outre tenue responsable envers son Gouvernement du dommage que cette arrestation aurait pu causer au négociant dont l'agent est employé; et le Gouvernement sera responsable de ce dommage envers le même négociant.

9. La qualité d'agent ou censal d'un indigène sera constatée par un document delivré par le Chef de Mission dont dépend le négociant qui l'emploie, et ce document sera traduit en langue arabe.

Le Chef de Mission donnera en outre avis au Ministre des Affaires Étrangères de l'inscription sur ses registres du dit agent.

XI

NOUVELLES PROPOSITIONS PRÉSENTÉES PAR MR. LE PLÉNIPOTENTIAIRE D'AUTRICHE-HONGRIE

ET CONCUES DANS LE BUT D'OPÉRER UN RAPPROCHEMENT AVEC LE PROJET DE MR. LE PLÉNIPOTENTIAIRE D'ITALIE

DANS LA SÉANCE DU 9 JUIN.

1. La protection des agents ou censaux, qui ne s'étendra que sur leurs femmes et enfants mineurs demeurant avec eux sous le même toit, s'exercera de la manière déterminée par les articles suivants. Leur nombre sera celui prévu par le Règlement de 1863, c'est-à-dire, il sera limité à deux par chaque maison de commerce et chaque comptoir entretenu par elle.

2. Les agents ou censaux seront choisis de préférence dans les villes et les ports, mais ils pourront être choisis aussi dans les campagnes, excepté les districts militaires et où la population est soumise comme réserve au service militaire. Dans le cas où l'agent aurait d'après la loi à concourir au maintien de l'ordre dans son district pendant qu'il se trouverait empêché par les affaires du négociant de remplir lui-même ce devoir, il devra indiquer un substitut apte à le remplacer.

3. La protection ne dispensera pas l'agent du paiement des impôts, ni de l'acquittement des charges qui pèsent sur ses biens immeubles, mais on aura soin d'en detérminer la quotité par un accord entre le Gouvernement marocain et les Chefs de Mission.

4. Les agents et censaux auront à se conformer comme tout autre acheteur aux Règlements et usages établis pour les marchés; et ils ne pourront se délier d'une vente déjà formellement conclue que par les voies judiciaires.

5. Aucun agent ne pourra être arrêté pendant l'exercice de ses fonctions qu'en cas de flagrant délit. On entend par le terme «exercice de ses fonctions» le temps compris entre le moment où il se rend au marché de l'intérieur pour y faire ses opérations d'achat jusqu'à son retour à la ville où le négociant qu'il sert est domicilié. Si une Autorité marocaine faisait arrêter un agent ou censal pendant l'exercice de ses fonctions, sauf le cas de flagrant délit, elle sera chatiée et sera tenue responsable du dommage causé par cette arrestation au négociant qui l'emploie.

6. Chaque fois qu'un agent ou censal est arrêté ou mis en cause, pendant ou en dehors de l'exercice de ses fonctions, pour crime ou délit, il ne pourra être jugé que dans un endroit où se trouve un Consul de l'État dont il est le protégé. L'agent accusé sera remis entre les mains du Consul et sera détenu au Consulat jusqu'à ce que le jugement aura été rendu. Le Consul fera comparaître l'agent devant le tribunal local qui aura à le juger, chaque fois qu'il en sera requis par ce tribunal, et pourra assister à la procédure. Si l'agent est convaincu du crime ou délit dont il est accusé, on lui retirera la protection et on le livrera aux Autorités marocaines pour lui faire subir sa peine.

7. Dans le cas de l'arrestation d'un agent ou censal, on rédigera ou fera rédiger en sa présence l'inventaire des marchandises et de l'argent qu'il possède, soit pour son compte soit pour celui du négociant qu'il sert. Cet inventaire sera signé par deux Notaires, par l'Autorité supérieure de l'endroit où l'arrestation se fait, ainsi que par deux témoins connus par leur honorabilité, et finalement par l'agent lui-même. Une copie de cet inventaire lui sera immédiatement remise, une autre copie sera envoyée au Ministre des Affaires Étrangères à Tanger pour être consignée au Chef de la Mission dont relève l'agent, et le Gouvernement de S. M. le Sultan sera responsable des valeurs et des marchandises inventoriées.

8. Quant aux causes civiles intentées contre un agent, celles qui ont trait aux intérêts du négociant qu'il représente seront déférées au Consulat dont dépend le négociant; celles qui sont propres à l'agent seront jugées par les Tribunaux locaux, après qu'avis aura été donné au Consul de plus proche résidence de la Nation dont dépend le négociant qui emploie l'agent, afin que ce Consul puisse assister, soit en personne soit par un délégué, au jugement de la cause. Le Consul pourra de même faire surveiller l'exécution de la sentence.

9. Toute cause, tant criminelle que civile, intentée contre un agent protégé, est susceptible d'un appel au Ministre des Affaires Étrangères à Tanger, et toute accusation injuste portée contre un agent en rendra responsable l'auteur quel qu'il soit, et, en dehors de la punition qui lui sera infligée, il aura aussi à rembourser tous frais et dommages causés à l'agent ou au négociant qu'il représente.

10. La qualité d'agent ou censal sera constatée par un document, accompagné d'une traduction arabe, délivré par la Légation dont dépend le négociant. Avis en sera donné au Ministre des Affaires Étrangères, afin que celui-ci puisse, à son tour, informer l'Autorité de l'endroit où demeure l'agent.

TABLE DES MATIÈRES

CONVENTION ET PROTOCOLES

PAG.

DOCUMENTS ANNEXÉS

PAG.

www.ingramcontent.com/pod-product-compliance
Ingram Content Group UK Ltd.
Pitfield, Milton Keynes, MK11 3LW, UK
UKHW020304180726
13839UKWH00001B/368